日本とアジアをつなぐ

法整備支援のすすめ

法整備支援の理念が、たんに、途上国に対する立法支援や法学教育支援というだけではなく、法の支配の確立、人権の促進、民主主義の発展、良い統治の確保などの価値を根づかせることであるとすれば、日本の途上国に対する法整備支援は、これからが本番です。

鮎京正訓

旬報社

はじめに

「これまでは、医学部に入学し、将来は〝国境なき医師団〟のメンバーになって途上国の開発援助に参加したいと思っていたのですが、先生の講義を聞いて、法学部に入学しても開発援助に携われることが理解できました。とても、うれしかったです。」

愛知県が主催した高校生向けの夏期公開講座で、私が「アジア法整備支援と大学」というテーマで話したときのことでした。講義を終えた後、岡崎高校の女子生徒が、私にその感想を伝えに来てくれたのですが、教師冥利に尽きるというのでしょうか、私も講義のし甲斐があって、うれしかったことを印象深く覚えています。

私は、自分の出身高校である名古屋の私立東海高校が五月三日の憲法記念日に主催する「内閣総理大臣賞・文部科学大臣賞・椎尾弁匡杯争奪全国高等学校弁論大会」の審査委員長を長く担当しています。なぜかというと、私が東海高校弁論部のOBであり、また、弁論という行為が大好きだからです。弁論部時代には、若者が流行を追いかけることによって横並びになっていく精神構造を取り上げた「現代の流行と高校生の生活意識」という演題や、日本国憲法第九条にかかわる恵庭事件判決などをテーマに取り上げた「軍靴の高鳴り」という演題などで、全国の弁論大会に出場しました。弁論大会は、私の青春そのものであった、と言っても大げさではありません。

ところで、高校生の弁論の演題をみると、近年とても顕著な特徴があります。大きく分けると、一つは、「開発途上国」、「援助」、「地球温暖化」など、広く「貧困」や「環境」などにかかわるテーマにきわめて強い関心をもっていることです。もう一つは、「国を守る」とか、「憲法改正」、「日本の伝統」など、一見すると保守的な主張も目立ちます。この二つの傾向は、「グローバル化」や「国際化」が否応もなく進展していくなかで、高校生が〝自分はこれからどのように生きていったらよいのだろうか〟と真摯な問いかけをしていることの明確な表れであり、私は高校生の弁論を聞くたびに深い感銘を受けています。

この「グローバル化」、「国際化」というファクターは、法律学に対しても大きなインパクトを与えています。法律学という学問は、元来、日本や韓国やフランスなどなどおのおのの主権国家の内部的なルールのあり方を対象とする学問でした。とはいっても国際法は国際的な法的ルールを扱う学問ですが、民法や刑法などの実定法は基本的に主権国家内部での話でした。もちろん、日本の法律学者は外国の理論や立法や判例を勤勉に学んできたのですが、それは第一義的には、日本国内の理論、立法、判決に役立てるための作業でした。

ですから、裁判官はもちろん、検察官や弁護士たち日本の法曹が、アジアの途上国に、しかも二年、三年と長期間にわたり派遣されるなどということは、これまではおよそ考えられないことでした。しかし、日本政府がアジア諸国に対する法整備支援を開始した二〇年ほど前から、日本の法曹の途上国へのかかわり方は劇的に変化することとなったのです。

本書は、このような途上国支援に取り組む法曹がなぜ生みだされてきたのか、また、大学法学部はアジアの途上国にどのように向き合うのか、さらに、新しい時代の「国際的な法曹」とはどのような能力をもった人々なのか、を考えていきたいと思います。

このようなテーマを若い世代に伝えることにより、広く法学を学ぶということの意味を知っていただけるならば、そしてさらに言えば、若い世代が法の分野でどのようにアジアと向き合っていくかについて、何らかの知見を与えることができれば、と考えています。

「法整備支援」とは言っても、私はベトナム法を専門としていますので、話題の中心はアジアの国々、とりわけベトナムとなりますし、また、専門が憲法学なので、どうしても憲法についての話題が多くなることをあらかじめお断りしておきたいと思います。

これらのアジア諸国に対する法整備支援をつうじて、法における国際協力の現場を知ってもらえれば幸いです。

目次

日本とアジアをつなぐ——法整備支援のすすめ

序章 法整備支援をつうじてアジアにかかわるということ

一九九〇年代の中ごろから日本では「法整備支援」、「国際司法支援」、「法制度整備支援」など従来の日本の法律学にはなかった新しい用語が登場してきました。

いずれの用語も、開発途上国に対して、法の分野の支援あるいは国際協力を通じて、法制度、司法制度などの基盤形成に寄与することを意味していました。

そして、日本政府は、とくに「アジア」の開発途上国への法整備支援を実施してきました。世界の多くの地域で、法分野の基盤形成がもとめられているにもかかわらず、なぜ「アジア」かという疑問を抱くかもしれません。本来、法整備支援は「アジア」に限定される必要はないのですが、日本は歴史的にかかわりの深い「アジア」地域への法整備支援をおこなってきています。さて、法整備支援をつうじてアジアにかかわるということが、どのような意味をもつのか、もっといえば、そのようなかかわり方をつうじて、日本とアジアの関係にどのような変化が生じていくかを考えてみましょう。

法というものは、元来は「国内的」なものであり、法律の制定などはおのおのの国家の主権に属することがらです。したがって、ある国家が他の国家の法律制定などに関与することは、本来的に排除されてきました。そのような行為が例外的に存在したのは、ある国が他の国家や地域を植民地として支配し、宗主国として設置した植民地総督府が立法をおこなうという場合です。

今日においては、開発途上国に対して法整備支援をする場合には、その国からの要請にもとづくということ――実は、この点が法整備支援論の一つの重要論点でもあります――が、不可欠です。事実、法整備支援に否定的な立場をとる人たちは、〝法整備支援は、開発途上国に対して法律の押しつけをおこなっているにすぎない〟と批判するのが常です。

本書は、法整備支援は開発途上国にとって有意義なものとして受けとめられていると考えています。さらに、開発途上国に対して、その国々が望まないことであっても、場合によっては提案する必要がある、という立場をもとっています。

さて「アジア」に私たちはどのように向き合っていくかですが、それを論ずる前に基本的なこととして、「アジア」とは地理的、文化的、政治的にどのような場所であるかについて、初歩的にではあれ、認識しておくことが必要でしょう。

「世界地図帳」を開けてみて、「アジア」全土を載せた、通常見開き二頁の箇所を見てみましょう。そこには、東は日本から、西はトルコから、北はモンゴルから、南はインドネシアから成る広大な地域が浮かび上ってきます。とても大まかな話ですが、アジアとはこのような地域から成り立っているのです。

「アジア」とは古代アッシリア語の「アスー」(日の出)に由来する言葉であり、その意味するところは、チグリス川、ユーフラテス川から東の地域を漠然と指すものでした。

トルコのイスタンブールという街は、かつてはコンスタンティノープルと呼ばれた歴史と文化にあふれた美しい街です。以前、トルコに行った際、イスタンブールのアタテュルク国際空港に到着し、タクシーで旧市街のホテルに向かう途中、運転手さんが、「客人よ、あのボスポラス海峡の向こうはアジアだ」と解説してくれました。すなわち、イスタンブールは、ボスポラス海峡をはさんでヨーロッパ側とアジア側に分かれているということです。「アジア」という地域は、それほど厳密な地域区分ではないのですが、中東、西アジア、南アジア、中央アジア、東南アジア、東アジア、北アジアなどに分類されるのが一般的です。

それでは、アジアという地域にはどのような共通性があるのでしょうか。ヨーロッパがキリスト教という一つの共通性をもった社会であることとの対比では、アジアには儒教、仏教、ヒンドゥー教、イスラーム教などが混在し、気候的にも多様であり、なかなか共通性を見出すことができません。一つだけ共通性を見出すとすれば、アジアのほとんどの諸国は、欧米列強や日本などの植民地に組みこまれ、従属的な地位に置かれてきた歴史をもっているということです。アジアの中では、日本とタイだけが植民地支配を免れました。この植民地支配の経験をもったことが、アジア諸国の現在の法の状況にも大きな影を与えているのです。

私たちがアジアと向き合う場合には、なによりも、この歴史的な経緯をふまえておくことが肝要です。とくに、日本による支配の歴史をもったアジアの国々に対する場合には、より一層そのことを心にとめておかなければなりません。現在、日本は、ベトナム、ラオス、カンボジア、ミャンマー、インドネシアなどの東南アジア諸国に対して法整備支援をおこなっていますが、これらの国々は、日本が第二次大戦前、戦中に、占領支配し、あるいは軍政を敷いた国々です。アジア諸国に対する日本のかつての行動を、しっかりと知識として学んだうえで、現地とかかわらなければなりません。

一九九〇年代の中ごろに、ベトナムのハノイに滞在していたときのことです。今では、カメラと言えば、ほとんどがデジタルカメラですが、当時のハノイはようやくアメリカ合衆国による経済封鎖が解除され、人々の生活も徐々に向上して暮らしのなかに銀塩フィルムを使うカメラが普及し、街の至るところにＤＰＥ専門店が開店した時代でした。それまでハノイには、昔ながらの白黒フィルムを現像する店しかなかったのですが、新しいＤＰＥショップは、カラー写真が日本の機器などにより瞬時にプリントできたのです。そして、そのプリントした写真は人々にとっては高価で貴重なものであったので、わざわざ写真を保護する透明シールを貼って、大切にしていたものです。

そんなときに、私はハノイの街角の古風な雰囲気を撮ろうと、白黒フィルムを使用したのですが、それを現像してくれる昔ながらの写真屋さんを発見するのは、逆にむずかしくなっていました。

白黒フィルムを手焼きでプリントしてくれる店を捜していたら、一軒の古風な写真館を見つけました。店先に昔のハノイの街並を写した白黒写真が展示され売られていたので、この店なら白黒フィルムの現像とプリントができるのではと思い、店に入っていきました。すると店主とその妻が笑顔で迎えてくれました。「白黒写真のプリントはできますか」と尋ねると、店主は、にやっと笑って、黙って、しわがすべて黒ずんでいる手の平を差し出したのです。白黒の現像を何十年もやってきた、ということの証しでした。この上品な主人は、フランス支配の時代からずっと写真館を営んでいるとのことで、壁には、自分と妻の若い頃の写真が飾られていました。蝶ネクタイを結んだ主人と、お洒落な帽子をかぶり、ワンピースを着た妻は、モダンボーイ、モダンガールというういで立ちで写っていました。フランス支配時代のリセ（高校）で学んだということで、フランス語も流暢で老舗写真館の御曹司とその妻として比較的豊かな暮らしをされていたことが見てとれました。

そんな世間話をあれこれとし、私が「最近は日本人がハノイに来ることも多くなりましたね」と何気なく話したときでした。それまでの柔和な表情が一変し、「日本人がハノイの街にあふれるように多かったのは、今だけじゃない！」と、店主は言ったのです。私もベトナム研究者のはしくれですし、「一九四五年ベトナム民主共和国独立宣言」の研究もおこなっていたので、日本軍が一九四〇年九月に「北部仏印進駐」と呼称されるベトナムの占領、支配をおこない、一九四五年八月の日本の敗戦までの時期に日本軍や軍属がハノイの街にもあふれかえっていたことは、知っていました。

このような日本のベトナム支配の結果、ホー・チ・ミンは、「独立宣言」で〝ベトナムはどこから独立したか〟という問いをわざわざ掲げ、「真実は、フランスからではなく、日本から独立したのだ」と、ベトナム独立宣言の中で二回もくり返して、その事実を明記しているのです。

日本が支配した時代の日越関係について、私は同様の経験を、中国との国境の街ランソンでもしたし、ハノイから南へ行ったナムディンの街でもしました。

ランソンの人民委員会（市役所）では、市長さんが人民委員会の屋上にわざわざ私を連れていき、ランソンの街並みを指さしながら、「日本が統治した時代、あのあたりの建物は、日本の将校の家として接収され、また、向こうの方の建物は、日本の兵隊に提供させられた」と、静かに説明してくれました。ナムディンの弁護士会との会合では、ナムディンの犯罪統計に関する調査ヒアリングが終わった後で、弁護士会会長に「このあたりの一九四四年から翌年にかけての飢饉は、どうでしたか」と尋ねたのですが、顔つきが一変し、「あのときは、日本のためにこの地域の人々は、とてもひどい目に遭った。私の両親も、祖父母も、兄弟も、食べるものがなく、死んだ」と、大粒の涙を流しながら話されたことを、生涯忘れることはできません。

日本とアジアのかかわりを考える場合には、おそらくベトナム以外の国でもきっとあったであろう、過去の日本とアジアの国々との関係に、無頓着であってはなりません。

「いじめ」問題と構造は同じです。いじめた側は、すぐにいじめた事実を忘れてしまうものですが、いじめられた側は、けっして、その事件を容易に忘れられるものではないのです。

いま、東南アジアでも特別に親日的な国として語られることが多いのがベトナムです。しかし、ベトナムの人々の記憶の中には、過去の日本に対する忌まわしい思いが存在することを忘れるべきではありません。このような事実をきちんと認識したところから、アジア諸国への法整備支援、法の分野の国際協力は、ありうるのだと思っています。

では、これから、法整備支援、アジアの法をめぐる問題にかかわる場合の、いくつかの留意すべきことがらについて述べていきたいと思います。

1 かかわり方は多様

●政府による支援

日本政府は、一九九〇年代の初め以降、ＯＤＡ（政府開発援助）の実施において、「ハコ・モノ支援」から「知的支援」へ、という観点を明確に打ち出しました。どういうことかというと、開発援助をおこなう際に、病院や道路やダムなどの建設という「ハコ・モノ支援」だけではなく、開発途上国の人々が自らの力で国づくりをすすめるための人材育成やノウハウを伝えるための「知的」な分野での支援を開始したのです。

その第一番目が「ベトナムに対する経済政策策定支援」というプロジェクトでした。そして、「知的支援」の第二番目のプロジェクトとして開始されたのが「ベトナムに対する法整備支援」です。これらは、「重要政策中枢支援プログラム」とも呼ばれました。

政府レベルの法整備支援は、その後、今日に至るまでに大きく発展し、法務省法務総合研究所には国際協力部が新たに設立され、ＪＩＣＡ（国際協力機構）、最高裁判所、日本弁護士連合会、日本司法書士会連合会、国際民商事法センターなどと連携をとりながら、アジアの多くの国に対し、さまざまな法分野での国際支援を展開しています。法整備支援の開始は、日本の法曹の海外における活躍分野を飛躍的に高めるとともに、「法の分野の国際協力」を実際に姿あるものとした、といえるでしょう。

ところで、日本が開発援助の分野で法整備支援をおこなうようになるには、一連の経緯が存在しました。やや煩雑になりますが、政府関連の文書の中で法整備支援がどのように位置づけられてきたかを、見ておくことにします。

「ハコ・モノ支援」から「知的支援」へと移行する際の歴史的文書は、一九九二年六月に閣議決された「旧・政府開発援助大綱」です。この文書は、「開発途上国における民主化の促進、市場指向型経済導入の努力並びに基本的人権及び自由の保障状況に十分注意を払う」ことを「原則」の一つとして、「重点地域」をアジア、とくに東アジア地域、ASEAN諸国としました。そして、「人造り」協力を重視し、「国造りの基本となる人造り分野での支援」の重要性を提起しました。この文書には、「法整備支援」という用語は登場していないのですが——法整備支援自体がまだ日本では開始されていなかったので——、この閣議決定が、法整備支援という「知的支援」の開始を促したことは間違いありません。

そして、二〇〇三年八月には、「新・政府開発援助大綱」が改定されました。この新しい大綱の特色は、援助「目的」を語る際に、国益ともいえる分野が強調されたことです。「目的」について、この文書は、「我が国ODAの目的は、国際社会の平和と発展に貢献し、これを通じて我が国の安全と繁栄の確保に資することである」とのべています。そして、「基本方針」の冒頭で、「良い統治（グッド・ガバナンス）に基づく開発途上国の自助努力を支援するため、これらの国の発展の基礎となる人づくり、法・制度構築や経済社会基盤の整備に協力することは、我が国ODAの最も重要な考え方である」とのべ、法制度整備支援、すなわち、法整備支援の必要性に初めて言及しました。

さらに、二〇〇九年四月の法制度整備支援に関する局長級会議は、日本の法整備支援全般にわたる本格的な検討をおこない、「我が国の法制度整備支援は、現地に専門家を派遣して、相手国のカウンターパート機関と対話・調整を進めながら、相手国の文化や歴史、発展段階、オーナーシップを尊重し、国の実情・ニーズに見合った法制度整備を支援していることに特長がある」とし、とくに、「法の起草・改正にとどまらず、法が適切に運用・執行されるための基盤整備、法曹の人材育成や法学教育までを視野に入れ、相手国自身による法の運用までを見込んだ支援を行っているという特長もある」とのべ、法学教育支援の意義について、初めて言及しました。

続く二〇一三年五月の外務省による「法制度整備支援に関する基本方針(改訂版)」では、「自由、民主主義、基本的人権等の普遍的価値観の共有による開発途上国への法の支配の定着」が語られ、このためにこそ法整備支援をおこなう、ということが強調されるようになりました。なお、政府関連文書では、「法制度整備支援」という用語が使用されますが、これは本書で用いる「法整備支援」という用語と、同じ内容をもっています。

さらに、二〇一五年二月には、先の「新・政府開発援助大綱」が改定され、名称も新たに「開発協力大綱」となり、閣議決定されました。ここでは、「自助努力支援と日本の経験と知見を踏まえた対話・協働による自立的発展に向けた協力」が重視され、「人づくりや経済社会インフラ整備、法・制度構築等、自助努力や自立的発展の基礎の構築を重視する」とされました。

そして、あらためて、この文書でも、「自由、民主主義、基本的人権の尊重、法の支配といった普遍的価値の共有」が語られています。

また、自由民主党の政務調査会・司法制度調査会の最終提言「司法外交の新機軸　5つの方針と8つの戦略――拡大する国際司法空間で、ひときわ輝きを放つ日本型司法制度へ――」が、二〇一七年六月に提出されました。

この文書は、法整備支援だけではなく、国際化社会の現段階にふさわしい法曹のあり方全般にわたる、かなり大胆な新基軸をもった内容からなっています。

法整備支援だけに限ってみてみますと、「法整備支援に法曹を活用する」、「アジア諸国で日本の法曹が活躍できる制度を導入する」など、具体的な施策が提案され、また、とくに、「法整備支援を担う重要な主体として大学等を積極的に活用する」とされ、「名古屋大学法政国際教育協力研究センター（CALE）は、司法人材の交流を通じた国家間の信頼関係の構築という大きな意義を有する取り組みを行っている」と評価しています。

これらの文書は、日本政府等のサイトで確認することができますが、そこから明らかなことは、二〇年以上にもわたって実施してきた結果、法整備支援に関する日本政府の理念がより明確になり、それが日本とアジアの国々をつなぐ重要なプロジェクトになってきたということです。とはいえ、もちろん、これらの文書に出てくる「自由、民主主義、基本的人権の尊重、法の支配」をはじめ「普遍的価値の共有」という言葉の意味と内容をどのように考えるかについては、討論が必要です。

それでは、アジア諸国との間に、この二〇年間でどのような法整備支援プロジェクトがあったのか、ここで概観しておきましょう。これまで紹介した日本政府の考え方に基づき、開発援助の実施主体である国際協力機構が中心となり、つぎのようなプロジェクトがおこなわれてきました。

ベトナムに対しては、民商事関連法案の起草支援、運用支援、法曹人材育成協力。

カンボジアに対しては、民法、民事訴訟法起草支援、司法省の能力強化支援、法令普及活動の促進、裁判官、弁護士育成支援。

ラオスに対しては、法務、司法関連職員向けの教材、執務マニュアルの作成支援、司法関係の職員、教員養成支援。

ミャンマーに対しては、法務長官府および最高裁判所を協力機関とした人材育成。

モンゴルに対しては、調停制度導入のための支援。

ウズベキスタンに対しては、倒産法注釈書、抵当法解説書の作成、法令検索データベース構築、行政手続法起草支援。

これらのプロジェクトについては、国際協力機構が発行した「ＪＩＣＡの法整備支援事業」

というパンフレットを参照しました。また、mundi36号（二〇一六年九月号、JICA）は、「特集　法整備支援」として刊行され、きわめて有益な情報が収められています。

●NPO独自の取り組み

法整備支援は政府がおこなってきただけではありません。日本において、私の知る限り最も早く法整備支援に民間で取り組んだ団体は、日本カンボジア法律家の会（JJリーグ）です。このNPO法人は、弁護士の櫻木和代さんと木村晋介さんが設立した団体で、「カンボジア王国の人々とともに、彼らの生活・文化・歴史・社会などの理解と情報を共有し、カンボジア王国における人権、司法制度ならびに法制度の側面から同国の復興に協力し、もってカンボジア王国の人々とのさらなる交流に寄与する事」を目的としています。

この団体が活動を始めたのは一九九〇年代の初めでした。その頃、日本では、UNTAC（国連カンボジア暫定統治機構）のもとで、平和維持活動のために自衛隊が初めてカンボジアという国外へ派遣されました。そして、そのことをめぐって、自衛隊の海外派遣は、日本国憲法第九条（平和主義）との関連で、合憲か違憲かに多くの法律家は注目していました。

しかし、櫻木・木村両弁護士は、そのような論点とは別に、ポル・ポト派の大虐殺の後の混乱したカンボジアに、平和と安定をもたらすにはどうしたらよいかを考えるために、カンボジアを訪れたのです。そして、彼らは、カンボジアでは、法学教育が十分でないのみならず、法律書もほとんど存在しないことを知りました。

そこで、彼らは、カンボジアに法律書を寄贈したり、日本の代表的な法学教科書をカンボジア語（クメール語）に翻訳して寄贈したりする運動に取り組みました。

すでに二〇年を越えるこの取り組みは、日本とカンボジアの法律家、人々との信頼関係を作りあげるうえで、きわめて重要な役割を果たしてきました。

●学生が個人として

法学部の学生が、個人として法整備支援に取り組んだ事例としては、土井香苗さんをあげることができます。土井さんは、現在は、弁護士として、また国際人権団体である国際NGOヒューマン・ライツ・ウォッチの日本代表として活躍中です。

さて、土井さんは、学部在学中に司法試験に合格したのですが、その後、自分はどのように生きていくべきかを考え、ピースボートに乗り、世界各地を訪ねました。そして、エチオピアから独立したばかりのエリトリアの国づくりの現状を見て衝撃を受けたのです。土井さんは、エリトリアのために、〝お役に立ちたい〟と決意し、エリトリア司法省に「何かお手伝いできることはないか」と毎日訪ね、その努力の甲斐があり、その後、一年にわたりエリトリア司法省に受け入れられ、法整備に尽くしたのです。

最近、土井さんのように、司法試験合格後、アジアの人権問題に取り組むためにタイとミャンマーの国境近くの少数民族地域に住みこんで支援したり、シチズンシップを少数民族の人々が取得できるようにするためにがんばっている若い法曹が増えてきています。

●異彩を放つ大学の法学教育支援

以上の三つのカテゴリーとは異なりますが、大学がおこなってきた開発途上国の法学教育支援への取り組みは、日本の法整備支援の中でも異彩を放っています。とくに、この分野では、名古屋大学の法政国際教育協力研究センター（ＣＡＬＥ：Center for

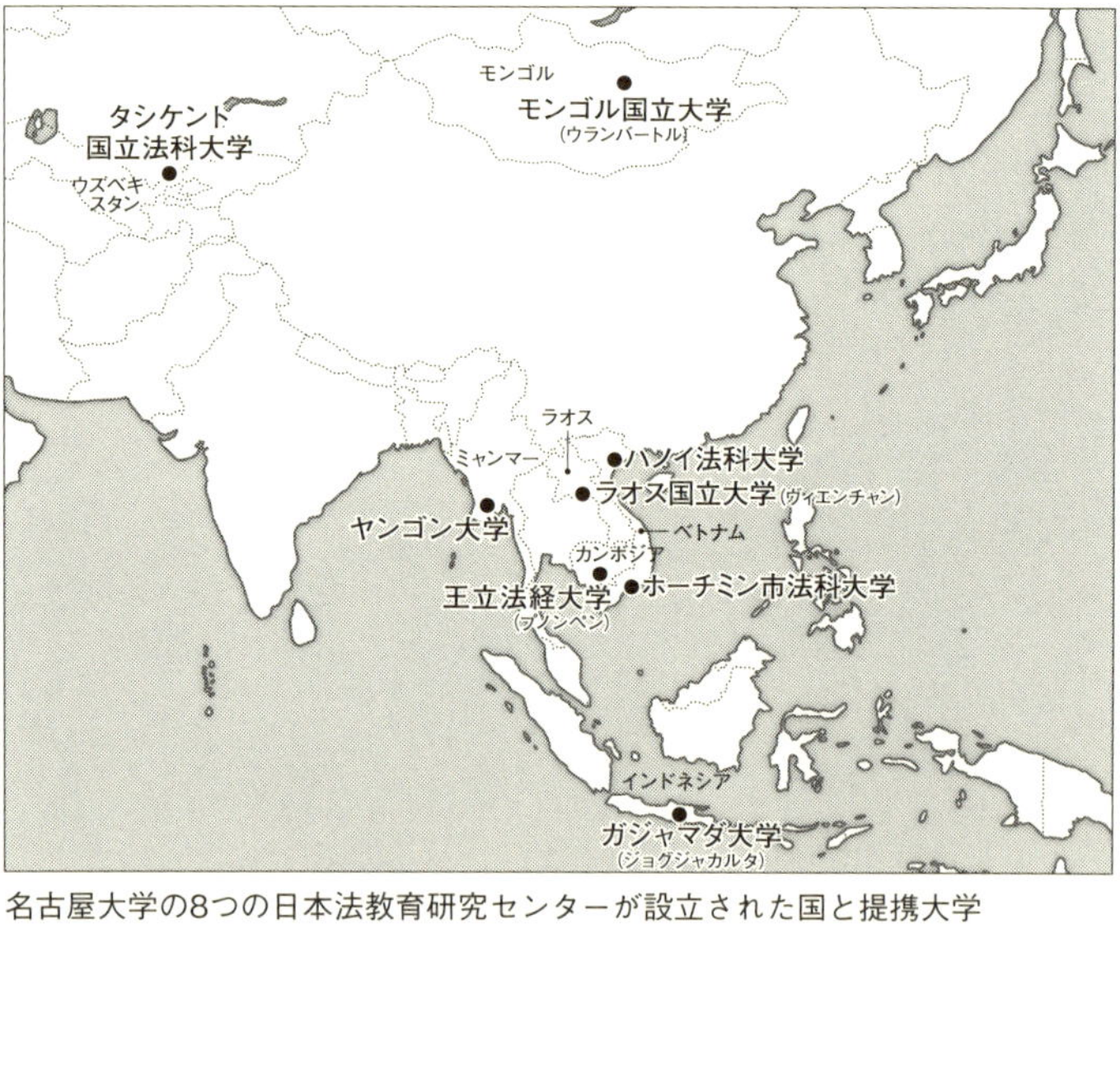

名古屋大学の8つの日本法教育研究センターが設立された国と提携大学

Asian Legal Exchange）が有名であり、また、名古屋大学は、ベトナム、ラオス、カンボジア、ミャンマー、インドネシア、ウズベキスタン、モンゴルの七つの国に八つ（ベトナムは、ハノイとホーチミン）の日本法教育研究センターを設立し、それらのセンターの多くで日本語による日本法教育を実施し、日本の大学における法学教育支援の中心的な役割を果たしています。

ところで、二〇一六年三月、名古屋大学法学部の前に、「アジア法交流館」という五階建てからなる新しい建物が竣工しました。このアジア法交流館は、文部科学省補助金により設立されたものであり、「日本・日本文化を通じて、アジアの人々と交流するための仕掛け」がさまざまに施されています。

たとえば、ここにはアジア法資料室、会議場、

名古屋大学・アジア法交流館外観

セミナー室はもとより、茶室や、日本の四季を感じられる庭園、日本の伝統技術を生かしたドアの引き手、和紙を使った空間など、日本とアジアの架け橋となるような仕掛けがたくさんあります。

本格的な茶室は、名古屋の篤志家である筒井宣政・陽子さんご夫妻が寄贈してくださいました。筒井さんは、アジア諸国との法整備支援に共感され、何度もアジア諸国を訪問され、日本とアジアの共存を願い、茶室を作ってくれたのです。最愛のお嬢さんが、不治の病にかかり、残念ながら若くして亡くなられたのですが、「娘は心臓病であまり運動ができなかったけれど、お茶に親しんでいたので、喜んで寄贈します」といわれ、立派な茶室を作ってくださいました。娘さんの戒名をとって、「白蓮庵」という名前の茶室です。

茶室「白蓮庵」

庭園は、大垣の篤志家である矢橋龍宜さんが寄贈してくださいました。矢橋さんは、ベトナムやミャンマーにも会社を持つ実業家です。日本とアジアの交流にお役に立てるのであれば、ということで、立派な庭園を作ってくださいました。そして、自分で岐阜の山から樹木を集め、この庭園に移植し、矢橋家の象徴である牡丹の花なども植えてくださいました。また、アゴラという留学生が集まる空間には、和紙の素晴らしい作品が飾られていますが、これは愛知県立芸術大学教授で和紙のアート専門の柴崎幸次さんの作品です。柴崎さんは、現在はウズベキスタンの幻のサマルカンドペーパーの復活プロジェクトのリーダーとしても活躍されています。

その他、茶室には、茶碗が必要ですが、常滑商工会議所会頭の牧野克則さんの紹介により、

柴崎幸次さんの作品「紙の旗」で装飾されたアゴラ、矢橋龍宜さん寄贈の木製テーブルセット

常滑陶芸作家協会ととこなめ焼協同組合の先生方が、およそ五〇個の抹茶茶碗を寄贈してくださいました。

アジア法交流館ができるにあたっては、このような志を同じくする人たちの支援がありました。日本とアジアの法の分野の交流という、この課題に共感を寄せてくれた人たちの協力で、アジア法交流館はできあがったのです。名古屋大学法学部は、全国の大学に先駆けて、アジアの大学法学部、司法機関との交流と、アジアの法学、政治学との学術交流の必要性をいち早く認識し、一九九〇年以降、精魂を傾けてきました。そして、アジアの法学、政治学関係の留学生を多数受け入れ、人材育成に努めてきました。

その結果、現在では、アジア各国に帰国した留学生たちは、ベトナム司法大臣になったロンさんをはじめ、ミャンマー大統領秘書官のハンさん、ウズベキスタンの国会議員のアクマルさん、カンボジアの国立経営大学学長のホアペンさん、ラオスの国会法制局長のアンパイさん、モンゴル国立大学学科長のアマルサーナさんなど、本国で活躍しています。

名古屋大学は、二〇〇〇年代になるとアジアの各地に「名古屋大学日本法教育研究センター」を設立し、日本語による日本法教育をおこない、「日本」をキーワードにしたアジアでの法律基盤人材育成をおこなってきました。そして、優秀な学生は、卒業後、名古屋大学などの法学研究科の大学院に留学し、日本語による法学研究に従事しています。

日本法教育研究センター学生（名古屋大学にて）【2013年8月21日】

モンゴル、ウズベキスタン、カンボジア、ベトナム（ハノイとホーチミン）、ラオスなどの日本法教育研究センターを修了した学生の数は、二〇一七年六月段階で、すでに約二五〇名を数えます。

さらに、名古屋大学は、アジア各国の大学と連携して、各国に「名古屋大学アジアサテライトキャンパス」を設置し、実務家として活躍している優秀な人々を学生として選抜し、現地の仕事をしながら博士学位を取得できるプログラムも実施しています。「アジア諸国の国家中枢人材育成」と呼ばれるこのプロジェクトは、アジア各国で大いに期待されています。

しかし、これらの法学教育支援という形の法整備支援は、名古屋大学という一大学でできる事業ではなく、オールジャパンという体制による事業推進が不可欠であり、「日本法センター・コンソーシアム」という新しい組織の立ち上げが追求されています。ここには、名古屋大学をはじめ、大阪大学、九州大学、慶応義塾大学、神戸大学、一橋大学、早稲田大学、などが参加を予定しています。

このように、法整備支援という法の分野での国際協力の仕事は、個人でも志があればできることであり、また、途上国に出かけて行かなくても、留学生支援など日本国内でもできることがあります。

2 なぜ法整備支援にかかわるようになったのか

では、なぜ私が法整備支援にかかわることになったのか、そのきっかけをお話ししたいと思います。

●アジアへの関心

私が、当時勤務していた岡山大学から名古屋大学に戻ってくる前のことですが、一九九二、三年の頃、名古屋大学法学部長だった森嶌昭夫先生に外務省からベトナムの民法起草になんらかのかたちで協力してもらえないかという話がありました。とはいっても、まだ法整備支援が国全体の動きになっていない時代で、国が金を出してくれるわけでもなく、先生は手弁当で市場経済化社会における民法をつくる、つまり、日本の経験をベトナムの法曹に伝えるという取り組みを始めることになったのです。そこで、先生から私に「協力してくれませんか」というお話があり、法整備支援にかかわることになったのです。

なぜ私に話があったのかというと、私がたまたまベトナムについて研究していたからということでしょう。では、なぜ私がベトナムについて研究していたのかということになるのですが、実は小さい頃からアジアへの関心があったのです。

私の父は農家の子どもとして生まれたものですから、あの時代、生きるすべを見つけるということで、志願をして兵隊になり、すぐ中国へ派遣されました。そこで中国軍に撃たれて片耳が半分吹っ飛んだ。もうあと数ミリ違っていたら、確実に死んでいたらしいのです。しかし、そのせいで、顔には弾丸による大きな傷痕があり、右の耳は、まったく聴こえなくなりました。

父は、当時日本軍が接収していた今の中国北京の清華大学で手術を受け入院していたのです。ずっと後の話ですが、私は、たまたま清華大学に行くことがあったので、日本軍が接収して病室として使っていたところを探しに行ってその周辺の景色を写真に撮って、帰ってきて父に見せたら、「まさしくここに入院していた」というのです。今は、清華大学の生物学教室になっている古い建物です。

とにかく、子どもの頃から、「うちのお父ちゃんは、弾まで当たって、なんで中国なんかに行ったんやろう」という思いがあって、中国に対する関心が非常に強かったのです。それで、将来は中国にかかわる研究とか仕事をしたいと、幼い頃から思っていました。

そうこうしているうちに、高校一年の一九六六年に文化大革命が起こって、尊敬していた漢文の先生が、突然、中国の人民服を着て教室に現れて、「これからの時代は文化大革命だ」と言い出して、あぜんとしました。

●社会派弁論部へ

私が弁論部に入ったのにもわけがあります。中学二年のときに学校の行事として富士登山に行ったときの疲れが残っていたのに加え、そのあと、当時の中日球場に中日・巨人戦を見に行ったさいに雨に降られて風邪を引いて高熱が出たことで急性腎炎になり、名古屋大学医学部付属病院分院に四カ月ぐらい入院しなければならなくなったのです。

そのときに、自分だけ何でこんなひどい目に遭わなければいけないのかっていう思いにとらわれました。すると、病室の先輩の人たちが、「おまえ、まだそんなひと月ふた月でなんや。僕なんかもう三年おる」と。また、あるときは、隣にいたおじちゃんが、次の日に起きたら居ないので、看護師さんに聞いたら、夜中のうちに亡くなられたとか。病院って、〝生き死に〟にかかわる現場なのです。人間っていうのは、ほんとに無常なもんだって思うようになり、それもあって、学校へ復帰してからも、もうひとつ自分で何かを積極的にやろうっていう気持ちになりませんでした。人の〝生き死に〟に較べたら勉強はくだらないものだって、ずっと本当に思い込んでいました。入院するまで勉強はすごくできたのですが、病院から帰ってきたら当然、勉強ができなくなっている。そうすると、今まで付き合っていた勉強ができる連中が、みんな遠ざかっていって、できない連中が近付いてくる。当然といえば当然かもしれないのですが、そんな経験から、本当に人間ってつまらないものだと思うようになった。そこで出会ったのが弁論部でした。

高校へ行ったら弁論部紹介というイベントがあって、鈴木輝剛さんという弁論の達人が「自分の指導を受ければ、あっという間にヒトラーくらいには演説できるようになる」と言ったので、こんな面白いものはないと思ってすぐ入った。なぜ弁論部に入ったのかというと、人前でしゃべるのが好きだったからです。病気になる前は、とても明るい性格で、小学校一年生のとき、校内弁論大会に誰に言われたわけでもないのに志願して出場していたほどです。

昔の部員が弁論部の思い出を綴った本（『弁論に若き情熱を燃やして——東海学園弁論部ＯＢ会誌』二〇一二年）があるのですが、その鈴木先輩が私について、「鮎京正訓という怪物の登場」「現役時代一一回の大会出場のうち七回優勝、三位以上三回という輝かしい戦績を残した」「当時、他校の弁士は彼の出場大会を避けた」と書いています。自慢話みたいですが、心底から弁論が好きだったのです。大げさに聞こえるかもしれませんが「天職」だとさえ思っていました。

弁論部に入ってよかったのは、ものごとに対する批判精神が培われたことです。ほかの高校は違うかもしれませんが、東海高校弁論部の特徴は、個人の考え方は右から左までいろいろですが、〝社会派弁論〟ということです。弁論には、〝お涙ちょうだい弁論〟という領域がありますす。自分がいかに苦労してきたか、どうそれを乗り越えてきたかを語って、聴衆をほろっとさせるという弁論です。そういう弁論を東海高校はしてはいけない、データに基づいて、事象を分析して社会の一断面を切り取るという弁論をめざす。それは、東海高校弁論部を創部した元総理大臣の海部俊樹さん以来の伝統なのです。

●末川博著『彼の歩んだ道』の影響

一九六七年、私が高校一年の春休みに、恵庭事件判決が出されました。この事件は、野崎健美・美晴兄弟が自衛隊の通信線を切ったことが争われた刑事事件でしたが、〝自衛隊がそもそも違憲である〟という争点が注目されました。ところが裁判所は、通信線は自衛隊法にいう「その他防衛の用に供する物」には該当しないという肩透かし判決でもって、自衛隊の合憲・

違憲という憲法判断を回避したのです。

それを知って、こんなおかしな判決があるかと思いました。そのとき私は、弁論部にいたのですが、立命館高等学校末川博杯争奪弁論大会で、恵庭事件判決を扱った弁論をして優勝したのです。そのときに、私にとって幸いだったのは、末川博杯争奪弁論大会の賞品として、末川先生の書かれた『彼の歩んだ道』(岩波新書、一九六五年)という先生の自伝をもらったことです。あの戦前に起こった滝川事件で京都大学を辞めた反骨の研究者である末川博先生の自伝です。内表紙には末川先生の自筆で「いつも心に太陽をもって　末川博」と毛筆で書いてあって、とても感激したことを覚えています。ほんとうに名著で、司法試験をめざす学生には薦めていたのですが、もう絶版になってしまいました。

私は、この本の影響を受けて大学は法学部に進学したのです。それまでは、中国に関係した仕事をやりたいということで文学部がいいかなと漠然と考えていたのですが、法律学がいいと進路を決めました。滝川事件という思想弾圧事件に対して、法律家・研究者として毅然と職を辞めてでも頑張る人がいるということで感動したわけです。

●ベトナム戦争への関心からベトナム法研究へ

もう一つ決定的なのは、私の高校時代はベトナム戦争が激化し、日本国内でもベトナム反戦運動が広がっていった時代であったということです。

私が通っていた東海高等学校で、当時法政大学教授だった哲学者の芝田進午先生(『人間の権利――アメリカ革命と現代』〈大月書店、一九七七年〉という、ベトナムの独立宣言について触れた名著を書かれています)の講演会がありました。ベトナムとフランスの戦争を描いた「ディエンビエンフーの戦い」というドキュメント映画を観て、先生のお話を聞いたのです。ディエンビエンフーでのベトナム人民軍の闘いに圧倒されました。フランス軍の陣地を囲む周囲の山に人力で大砲を上げたのです。フランス軍が気付いたときには周りの山に全部ベトナム人民軍の大砲が設置され、そこからの砲撃で低地に陣取ったフランス軍が殲滅された。また、地下トンネルを掘って、そこから攻めた。それを見て、すごいなと、植民地化されていたアジアの小国であるベトナムが西欧の大国相手になぜ勝利を勝ち取ることができたのか、真剣に考えてみたいということで、大学に入ったわけです。

それで、慶応義塾大学に進学しました。慶応義塾大学にはアジア言語科目が多かったのです。慶應義塾外国語学校という語学の学校もあって、在校生は少数言語の授業を学ぶと単位をもらえたのです。そこのベトナム語のクラスに入り、ベトナム法を学ぼうと思ったわけです。

しかし、卒業するとき、まだまだ勉強が足りないのでさらに勉強したいと思って、早稲田大学の大学院に入りました。そのときにはもう明確に、ベトナムの法律にかかわる勉強をしたいと思ったのです。おもに憲法という分野でベトナムの法律にかかわるという人生を選択したということです。

父のこともあって、中国法の研究をやろうと思ったこともあったのですが、文化大革命であらゆる法機関が破壊されてしまい、これでは中国法を勉強することはできないなと思い、ベトナム法にのめり込んでいったのです。ただ、ベトナム法では就職がなかなかなくて大変だと言われていたのですが、運よく名古屋大学に助手で採ってもらうことができました。

●現実の法律問題にかかわる

法律を学んでも実務家になろうという気持ちはありませんでしたが、現実の法律問題にかかわるということについては、大学院に入って強烈な経験がありました。憲法の浦田賢治先生のゼミナールをとったのですが、最初のゼミナールでの報告で三菱樹脂事件を取り上げました。三菱樹脂事件というのは、学生時代に政治活動をしていたことを理由に内定を取り消したことが争われ、最高裁判所が企業の採用の自由を認め、思想信条の自由を主張した原告の高野達男さんに対する採用拒否は違法ではないとした事件です。

私は、力を入れて準備したので得々と、浦田先生の前で報告したのです。ところが、先生の質問は、「高野さんの準備書面を読みましたか」というのが一つで、もう一つはもっと大きな問題で、「高野さんに会って話を聞きましたか」というものでした。私が「会っていません」っていうと、先生は、「実際にものごとを見ずにこういう報告ができますか」っていうふうに言われて。大学院って厳しいなと思いました。私の報告は書かれたものを基本にまとめたものでしたから。

ゼミが終わった後、「先生、すみませんでした。高野さんにどうやって会えますか」と聞きに行ったら、先生は、よく言ったという顔をして、「高野さんは千代田区労協にいます。電話を教えてあげます」と教えてくれました。

すぐに私は電話をかけて高野さんに会いに行きました。ゼミナールでの浦田先生とのやり取りを話したら、高野さんは準備書面をコピーしてくれました。高野さんに会った最初の印象は、確か当時三〇歳代だったと思うのですが、髪の毛が真っ白だったことです。苦労されたんだなと思いました。最高裁から差し戻された東京地裁で会社と和解が成立して高野さんは職場復帰したのですが、一九六三年の採用拒否から七六年の東京地裁での和解までの一三年間、裁判闘争を続けた。私がお会いしたのは和解前で、運動と生活のため行商をやっているというお話を聞きました。そのとき、高野さんから、「鮎京さん、一生懸命頑張って勉強をやってくださいい」って言われて、それも私の人生では一つの重要なこととして残っています。

高野さんの闘いが描かれた『石流れ木の葉沈む日々に』（労働旬報社、一九七七年）は、岡山大学で日本国憲法の教員をやっていたときに、学生に薦めていました。「こういう理不尽なことが世の中にあっていいのか、この本を読んで考えてください」と。

高野さんの素晴らしいのは、和解が成立して、みんなに拍手されて出社し、その後定年まで勤めあげたことです。すごい根性だと思います。たとえ裁判や和解で職場復帰を勝ち取っても辞めてしまうことが多いのです。

大学院のゼミナールで浦田先生に言われたことをきっかけに、ものごとというのは、やはり現場に行って、当事者の話を聞かなければならないということを学びました。ですから、アジアを知りたいならアジアへ行け、ベトナム法を学ぶならベトナムに行かなければならないのです。頭の中であれこれ考えるのではなくて、まずは行ってみろというのを、先生から学んだように思います。

●そして法整備支援へ

先にも触れましたが、一九九〇年代初めに、森嶌昭夫先生や外務省から声がかかったことが、最初の法整備支援とのかかわりです。

かかわるようになってから、法務省やＪＩＣＡの動きに対しては、私は若干の疑問もありました。なぜかというと、一九九〇年代の日本政府とか、法務省、ＪＩＣＡの法整備支援の基本的スタンスは、民商事法中心主義であったからです。

フランスであれスウェーデンであれ、ほかの欧米諸国は、前面にではなくとも人権支援があるのですが、日本の場合は人権支援はあたかもやってはいけないというような雰囲気がずっと根強くあったのです。

それはどういうことかというと、「相手国の主権に影響を及ぼすような分野の支援はすべきではない」という議論です。私は、相手国政府が望むのであれば、それは相手国政府が了解していることだからやればいい、と考えていました。

結局、それから数年後には、さすがに人権のややこしいところまではいきませんが、刑法や刑事訴訟法まで含めて支援をするようになりました。

とはいっても、人権分野の支援をどうするかは、日本の法整備支援の歴史のなかでは曖昧でした。それは、日本政府の立場が反映していると思います。日本政府は、人権問題がすごく苦手です。なぜなら、人権問題については、「そんな他人のことを言っているが、おまえのところはどうだ」って自国の問題が出てきます。

法整備支援というのは、支援する国における法律の状況を映し出す鏡だというのが、私の主張です。他の国を支援するということは、支援する国がその法分野をどう考えているかが如実に表れざるをえない国際貢献だと思います。

●「雨ニモマケズ……」

では学問することと、開発援助はどういう関係になるのか。これは非常に難しいテーマです。正直にいって学問と援助は相反する面が非常に多いのです。たとえば、私は、ベトナム法の研究やベトナム憲法の歴史を研究しているのですが、研究というのはとても地道な作業なのです。地道な作業という意味は、ベトナム憲法史の研究をとってみると、憲法の歴史にかかわるさまざまなベトナム語の文献をずっと読み込んで、それを一つの歴史叙述なり学問としてまとめ上げていく仕事です。それが、私の本来の研究者としての仕事なのです。

ところが、開発援助というのは、自分のためではなく相手のためにやる仕事なので、結局、援助にかかわることによって自分の研究時間がどんどん取られていく。正直に言って、私も悩んだ時期がありました。援助ばっかりやっていては、自分の本来の研究という仕事ができないという思いにとらわれたこともありますし、事実、援助に携わるというのは、そういう面があることも事実なのです。

にもかかわらず、法整備支援という援助を続けてこられたのはなぜか。これは、理屈ではうまく整理できていないのですが、自分がやってきた教育にかかわる仕事がその国の若者たちの役に立っているという実感でしょうか。私は、援助のなかでも人材育成支援、法学教育支援をやってきました。ベトナムの若い人、カンボジアの若い人、ラオスの若い人たちを支援してきて、その人たちが学ぶ姿を見て、その目の輝きとか、その人たちが語る希望を聞いていたら、やっぱり手間もかかるし暇もかかるけれども、こういうことはやらなければいけないし、それが自分のアジアにかかわった者としての務めだという気持ちになってきたわけです。自分の中で納得させられたのは、やはりアジアの国々の若い人たちが能力を開花させ、志を持ってやっていることに、逆に自分が感動するから継続できたのだと思っています。

学生には、こんなふうに話します。援助というのは宮沢賢治の「雨ニモマケズ」の世界なんだ。「雨ニモマケズ　風ニモマケズ……東ニ病気ノコドモアレバ　行ッテ看病シテヤリ……北ニケンクヮヤソショウガアレバ　ツマラナイカラヤメロトイヒ……サウイフモノニワタシハナリタイ」と。もちろん、そればかりではありませんし、簡単なことがらではないことは承知していますが、援助に携わる人の心の根っこのところには、やっぱりそういう気持ちがあるのではないかなと感じています。

第一章　アジア開発途上国の法律家たちとの出会い

1 社会主義的法治国家の国――ベトナム

私が開発途上国と呼ばれる国に最初に出かけたのは、一九八一年九月のベトナムでした。ベトナムは、第二次世界大戦後、独立宣言をおこなったものの、その後のフランスとの戦争、そしてアメリカ合衆国との戦争、そして国の南北分断など、長い期間、戦火にまみれた国でした。慶応義塾大学法学部生時代から、アジアやアフリカや中南米など、植民地から独立した国々に関心をもっていた私は、早稲田大学大学院法学研究科に入学したとき、研究テーマをベトナムにすることに何の躊躇もありませんでした。

もちろん、研究者の何人かは、そのようなマイナーな研究テーマを選ぶのはよくない、フランスやドイツなど「オーソドックス」な研究をしたほうがよい、と忠告してくれました。

そんなとき、ゼミナールや研究会で出会った幼方直吉、福島正夫、藤田勇といった先生方は、「フランス法やドイツ法は他にもいっぱい研究している人がいる。ベトナム法は、やっている人がいないし重要な研究分野だから、やってみたらどうか」と、励ましてくれました。修士論文は「基本的な民族権」という、当時の北ベトナム（ベトナム民主共和国）が一九六〇年代中頃から国際社会にむけて主張した、新しい（聞きなれない！）権利概念を歴史的に検証し、その権利概念がどのような構造をもっているのかを明らかにしたものでした。修士論文を執筆する過程で、ベトナムの法学者（グエン・ゴック・ミンら）の論文を読みました。そして、その後、名古屋大学法学部の助手に採用されたのですが、研究対象に選んだベトナムに一度も行ったことがないことに引け目を感じていました。

当時の名古屋大学法学部は、いわゆる講座制が採られており、教授のソビエト法の稲子恒夫先生、助教授でイギリス法の戒能通厚先生、そして新参者で助手のベトナム法の私の三人で、「外国法」講座を形づくっていました。

稲子先生は、語学の達人でもあり、ソビエト法、中国法などの著書をもっていましたが、若い頃に、「ヴェトナム民主共和国独立宣言」の解説と翻訳（フランス語テキストから）を『人権宣言集』（一九五七年、岩波文庫）で担当されていました。

そのような経緯もあり、稲子先生とともにベトナムに行くことを決めたのですが、実際にベトナムに行くとなると、当時は大変な手続きを必要としました。

ベトナムは、一九七六年七月に悲願であった全土（南北）統一が実現したのですが、その結果、それまで南ベトナム（ベトナム共和国）政権の東京にあった大使館が、統一後の国家であるベトナム社会主義共和国大使館として引き継がれました。

「ベトナム法を知りたいので貴国を訪問させていただきたい」と稲子先生とともに東京の元

代々木にある大使館を二度にわたって訪ねたところ、ようやく入国ビザが発給されました。当時のベトナムは、一九七八年のベトナム軍によるカンボジアの親ベトナム政権であるヘン・サムリン政権への支援と、親中国政権であるポル・ポト派への攻撃をおこなっていて、その結果、アメリカ合衆国をはじめとする西側諸国による経済封鎖を受けていました。そして、首都ハノイにはバンコクから週二便か三便しかフライトがなく、行き帰りにバンコクで宿泊をしなければなりませんでした。

渡航手続に苦労したとはいえ、初めてのハノイは、私にとってやはり印象深いものでした。私たちの受け入れ機関は、ベトナム法律家協会というベトナムの官製法律家機関（社会団体の一つ）でした。当時のベトナムは、経済封鎖もあったために、とても貧しく、街中の商店は電気量が制限されているために、光源はアセチレンガスに灯をともしたものでした。小さい頃、生まれ故郷のお祭りに行くと夜店の多くはアセチレンガスを使っていて、なんとなく懐かしい臭いがしました。

法律家協会のレセプションで、修士論文で参照したグエン・ゴック・ミン先生（当時ハノイ法科大学学長）にお目にかかることができ、とても感動したことを今でもよく覚えています。また、最初のベトナム訪問の際に、当時、国会法制局主任であったグエン・ディン・ロクとも会いました。

二回目のベトナム訪問は、一九八七年でした。このときには、ハノイ市裁判所の実際の刑事裁判を傍聴したり、ハノイ郊外の刑務所の内部見学をするなど、きわめて珍しい体験をすることができました。

三回目は、一九九〇年、慶應義塾大学のチームで、ハノイからはじまって、フエに行き、フエからはダナン、ニャチャン、ホーチミンと車で縦断しました。このときに、初めて、ベトナムの科学アカデミーである「国家と法研究所」（法学研究所のこと）を訪問し、所長のダオ・チ・ウック先生と会いました。ウック先生は、刑事法の専門家です。このウック先生との出会いが、その後、私のベトナム法研究にとって決定的な意味をもつことになります。

ウック先生は、私より二つ年上とはいえ、同

ウック先生（左）とハノイのカフェにて【2014年4月29日】

世代で、妙に相性も合いました。そして、彼は、ベトナム法に対して私が提出する疑問に、いつもていねいに答えてくれました。今は、仕事をリタイアし、子どもたちも独立し、妻と二人で悠悠自適の生活を楽しんでいます。

ウック先生のことを考えると、人生には「出会い」というものがあり、外国でも素晴らしい友人ができる、ということを思わずにはいられません。

すでに二五年を越える付き合いになりますが、私のもっとも親しいベトナム人であると同時に、私のベトナム法研究の恩師でもあります。それ以来、何十回となくベトナム法調査のためにハノイに行きましたが、いつもウック先生が親切に世話をしてくれました。

さて、最初に出会ったベトナムの法律家のグエン・ディン・ロクは、一九九〇年代に入ると、ベトナムの司法大臣に抜てきされました。ロクとは、人生の縁というか、そんなものを感じます。ロクは、一九九〇年代中頃から日本政府が開始したベトナムに対する法整備支援の初代の司法大臣として私たちのカウンターパートになりました。すなわち、一九九六年一二月に、日本のＪＩＣＡ（国際協力事業団。現在の名称は国際協力機構）とベトナム司法省の間で法整備支援に関する調印式がなされましたが、ロクは、日本の法整備支援の受入れ側のリーダーとして活躍しました。

ロクが法学を学びはじめた頃、ベトナムでは、大学に法学部は設置されておらず、高校を終えた優秀な青年が抜てきされ、当時のソ連や東欧諸国へ留学生として派遣されました。ロクは、モスクワ大学に留学し、とくに法哲学を学び「倫理的世界観としての儒教とその国家観」というテーマで法学準博士号をとりました。ロクは、日本の法整備支援とのかかわりも深く、何度も日本の法務省に来たし、私がいる名古屋にも足を運んでくれました。

ベトナム司法大臣を退任したロクのあとは、ウズベキスタンのタシケント法科大学に留学したリュウが後任となり、そのあとには、クオンが続き、そして、二〇一六年四月にはロンが新しく司法大臣に就任しました。とくにレ・タィン・ロンは、日本の法整備支援によってＪＩＣＡの奨学金（研修生受入れ事業にもとづく）を得て、名古屋大学に留学し、博士学位を取得した人物

ロク司法大臣（当時）記念講演（名古屋大学にて）【1999年6月18日】

です。

さて、後日談ですが、ロク元司法大臣は、退任後、ある事件で再び脚光を浴びることとなりました。ベトナムは、ドイモイ（刷新）政策――市場経済の導入と対外開放政策を柱とする――を採り入れた時期に、一九九二年憲法を新たに制定しました。この憲法は、ベトナム共産党の一党支配と共産党の「国家と社会に対する指導」を明記しているものの、条文の中に初めて「人権」という用語を記したという点において、きわめて特徴のある内容をもっていました。その後、二〇〇一年には部分改正がおこなわれましたが、二〇一三年一一月には新憲法（現行憲法）が制定されました。

この二〇一三年憲法制定をめぐっては、制定過程で注目すべきことが生じました。ベトナムでは、憲法上に「憲法裁判所」という新しい違憲審査機関を創設するという期待が、とくに法学研究者のなかで、きわめて高くなっていました。二〇〇〇年代になると、すでに欧米諸国および日本などによる法整備支援がかなりの程度実施されていましたが、ベトナムに対する新たなプロジェクトが、ドイツと韓国の共同事業として企画されました。ドイツはコンラート・アデナウアー財団、韓国は政府研究機関の韓国法制研究院、この両者がタッグを組んで、ベトナムの憲法裁判所創設というテーマで法整備支援を開始することになったのです。言うまでもなく、ドイツは憲法裁判所の創設国であり、また、韓国はドイツの経験に学び憲法裁判所を設立していました。とくに韓国憲法裁判所は、立法機関が制定した法律に対して違憲判断を数多くおこなったり、大統領の弾劾に判断を下すなど、国の内外でもきわめて注目される機関です。

一般に、憲法裁判所は、憲法保障（ある憲法体制のもとで憲法に反することがらが存在してはいけない、とする考え方）を目的とする制度です。ヨーロッパ諸国にも数多く存在しますし、アジアでも、タイ、ミャンマー、インドネシア、台湾など多くの国々で採用されています。なお、これに類似するフランス型の憲法評議会は、カンボジアなどが採用しています。

二〇〇〇年代にコンラート・アデナウアー財団や韓国法制研究院がベトナムでおこなった「憲法裁判所」に関するセミナー、国際会議に参加したことがありますが、そこで驚いたのは、ドイツ側、韓国側よりも、ベトナムの法学研究者たちが、その制度の導入にきわめて積極的であったことです。「熱望」していたと言ってもよいでしょう。私自身は、これらの会議に出席し、ベトナムの友人たちの熱望ぶりを見るにつけ、なんとも言えない違和感というか不思議さを覚えざるをえませんでした。しかし、驚いたことに、その「熱望」のせいか、二〇一二年一二月の「第一次憲法草案」および二〇一三年七月の「第二次憲法草案」には、憲法裁判所まではいきませんでしたが、「憲法評議会」の設立が条文化されたのです。

ベトナムの憲法（現行憲法に至るまで）では、「憲法、法律の解釈」権限は、「国会常務委員会」がもっています。国会自らが制定した法律を、国会の一機関である常務委員会が審査するのは、ベトナムでは三権分立制度が採用されておらず、「民主集中原則」にもとづき、国会が最高権力機関と位置づけられているからです。

したがって、権力分立制度が採用されておらず、民主集中原則にもとづく国会の最高機関性を保障し、なによりも多党制が否定され共産党の一党支配が確立しているベトナムにおいては、憲法評議会はともかく憲法裁判所という制度の導入には無理があるし、困難である、というのが私の見立てでした。

結局、私の見立てどおりにことは進行し、二〇一三年一一月二八日のベトナム国会で採択された現行憲法は、憲法裁判所も憲法評議会制度も採用しませんでした。ところで、この憲法の制定過程の二〇一三年一月二三日、元司法大臣のグエン・ディン・ロクらは、一つの自主憲法草案を公表しました。それは、「嘆願書72」と言われるものでした。その自主憲法草案では、第一条で「ベトナムは、民主共和国である」として、現行憲法の「ベトナム社会主義共和国」から、かつての一九四六年憲法の国名への回帰をもとめました。

また、第二条では「ベトナムの主権は、人民に帰属する」と定めました。現行憲法では、「あらゆる権力は、人民に帰属する」と定めていますが、「権力」ではなく、「主権」という用語を用いているところに大きな特色があります。そして、第六九条では、「憲法裁判所」の創設をうたい、第七〇条によれば、憲法裁判所は、憲法裁判官一五名からなり、それは国会が選出し、任期は九年にすると定めています。ところで、さきの「権力」か「主権」か、という問題は、社会主義法理論の根幹にかかわる論点を含んでいます。一般に、社会主義法理論では、「人権」、「主権」、「法治国家」などの法概念は、ブルジョア的なものとして、否定されてきました。ベトナムで「人権」という用語が憲法上に規定されたのは、一九九二年憲法が最初であり、「法治国家」という用語があらわれるのは、一九八九年以降でした。ベトナムでも「主権」という用語は憲法上に登場してきました（たとえば、一九八〇年憲法第一条は「独立、主権、統一、領土保全の国家である」と定め、「主権」という用語が用いられていました）が、ここで注意しなければならないのは、それは、あくまでも、「対外的な独立性」を示すものであり、「対内的な意味における主権」すなわち「国民主権」や「人民主権」という概念を意味するものではなかったのです。

対内的には「権力」という用語が意図的に使用されてきたのですが、ロクらの草案は、「主権」という用語を意図的に対置して、たとえば、日本国憲法の前文にある「主権が国民に存する」と同様の意味で、この用語を提案したので

ウック先生が編集した
2013年ベトナム憲法のテキストと解説本

す。このロクを含む起草者七二人の自主憲法草案は、その後、二〇一三年四月には、ベトナム共産党と政府により完全に否定されてしまいました。

この嘆願書提出の事件よりはるか以前に、グエン・ディン・ロクをめぐっては、一つの変化を私は感じとっていました。ロクが編者として出版された『法学辞典』（二〇〇六年）は、きわめて大部なもので、とくに、「法治」や「憲法裁判所」の項目には、力の入った叙述が目立ち、「法治」では「人民が国家権力の主体であり、人権保障と民主主義が不可欠であり、そのために法律が中心的な地位を占める」などの主旨のことが強調され、「憲法裁判所」についても「ベトナムにはまだ存在していないが、現代民主主義国家では第一級の重要性をもつ」等の叙述が目立っていました。すなわち、ロクは、世界の憲法をめぐる常識というかスタンダードをよく理解していたわけです。

2 法律家がいなくなった国――カンボジア

私が初めてカンボジアを訪れたのは、国際連合がＵＮＴＡＣ（国連カンボジア暫定統治機構）を組織し、一九九三年憲法を制定した直後の一九九四年のことでした。

そのとき、私の研究室の卒業生で、カンボジア憲法史を専門とする四本健二さん（現神戸大学教授）と二人で出かけました。名古屋から香港を経由し、香港の空港でプノンペン行きの飛行機に乗り継ぎました。

当時の私は、カンボジアについて何も分かっておらず、ただ、一九七八年一二月にベトナム軍が当時のカンボジアの政権（ポル・ポト派）に攻撃を仕かけたこと、そして、それに対して一九七九年二月に鄧小平の号令で、中国人民解放軍がベトナムの首都ハノイに迫る勢いで攻撃を加えた（いわゆる中越戦争）ことに、大きな衝撃を受けていました。

ベトナム憲法を研究していた私にとって、隣国のカンボジアの憲法状況には、ずっと関心をもっていました。

一九七五年四月三〇日の「ベトナム南部完全解放」は、私にとって、きわめて大きな出来事でした。翌五月一日付のベトナム労働党（のちに共産党と改名）機関紙「ニャンザン（人民）」は、赤い文字で「ベトナム南部完全解放」の大きな見出しを掲げ、その新聞を感慨をもって眺めながら、「ようやく、インドシナにも平和が訪れる」と考えたものです。

しかし、そのとき、カンボジアでは、ポル・ポト派が権力を掌握し（一九七五年四月一七日事件）、都市の住民は地方へ強制移住させられ、紙幣が廃止されるなど、異常な事態が生じていました。

ポル・ポト派が制定した一九七六年憲法は、同様に異様な体裁をもつ憲法でした。全文がわずか二一ヶ条からなる「民主カンプチア憲法」は、何よりも、その条文数の少なさにおいてきわだった特色をもっていました。

この憲法を見たとき、直ちに頭に浮かんだのは、その前年に制定された中国一九七五年憲法でした。文化大革命の指導者であった毛沢東が、その晩年に、ある意味では精魂を傾けて作った憲法が、一九七五年中国憲法でした。毛沢東は、「無法無天」を唱えた革命家でしたが、「法なんて天なんて、くそっくらえだ」という主張は、毛沢東の法律観の核心を見事に示していました。

一九六六年に開始され、一九七六年の毛沢東の死をもって終焉を迎えた文化大革命は、中国共産党内の権力基盤を失った毛沢東が当時の権力者劉少奇からの権力奪還をねらい、紅衛兵を組織しておこなった権力闘争でした。

文化大革命が開始されるやいなや、中国の司法機関は廃止され、毛沢東「最高指示」が従来の法律にとって代えられ、大学法学部も機能不全に陥りました。

毛沢東の法律観は、さきの「無法無天」に典型的に示されているように、法に重きを置くことはなく、「優れた」個人のリーダーシップにもとづく統治をめざしたものです。これは、ある意味で、儒教における国の統治の仕方と軌を一にするものでした。儒教では「徳と才のある君主」による統治が最良であるとの考え方が基本をなし、法というものは、あくまでも、個人による統治を「補完する」ためのものであり、「必要悪」としての法という考え方でした。「法治」ではなく「人治」が優先されたのです。したがって、文化大革命の後、鄧小平は「法治」を強調することとなりましたが、それは以上の理由にもとづいていたのです。

ところで、毛沢東は、カンボジアのポル・ポトをクメール・ルージュの時代より、厚く遇してきましたが、ポル・ポト自身も毛沢東主義者として、毛沢東に心酔していました。

さて、毛沢東が死の前年に、毛の政治哲学を体現した憲法（一九七五年）を制定したのですが、その内容はともかく、体裁においてきわめて異形な憲法でした。わずか三〇ヶ条からなる憲法は、「法などは少なければ少ないほどよい」という毛沢東の法律観――「法ニヒリズム」――を如実に示していました。

毛沢東の忠実な弟子を任じていたポル・ポトは、一九七六年民主カンプチア憲法を、それよりさらに大幅に少ない、二一ヶ条という条文で構成したのです。ポル・ポトは、師の教えに徹底して忠実であろうと努めたのでしょう。

私のカンボジア理解はこの程度のものでしたが、何よりも疑問であったのは、ベトナムとポル・ポトの戦争の際に、なぜこれほどまでに中国がカンボジアに肩入れしているのか、ということでした。

さて、四本さんとともにプノンペン到着後に訪れたのは、国連人権センターです。当時、同センターの法整備支援担当センター長代行は、スリランカ出身の人権活動家で弁護士のバジル・フェルナンドさんであり、私たちを受け入れてくれました。

訪問の前年（一九九三年）に制定されたカンボジア王国憲法は、それ以前のヘン・サムリン政権時代の憲法とは異なり、複数政党制を認めるなど、新しい展開をみせていました。ＵＮＴＡＣにおいては、かつての植民地宗主国という関係もあってか、フランス人法律家が憲法制定には大きな影響力を行使した、とのことでした。

たとえば、一九九三年カンボジア憲法には、「憲法評議会」が創設されましたが、これなどはフランスの制度からの大きな影響をみてとることができます。

そのときに私たちを世話してくれたのは、カンボジア人のコン・テイリさんでした。コン・テイリさんは、堪能な英語力を駆使して、法整備支援担当センター補佐官という重要な仕事をおこなっていました。テイリさんは、その後、当時からいち早くカンボジア法整備支援に着手していたＪＪリーグ（日本カンボジア法律家の会）の共同代表であった櫻木和代弁護士の招きで、日本に数ヶ月間滞在することとなりました。さらに、それが機縁で、愛知県奨学生として名古屋大学に留学し、博士学位を取得し、現在は、名古屋大学法政国際教育協力研究センター准教授として、日本の法整備支援の最前線で活躍しています。

さて、カンボジアに対する日本政府による法整備支援は、その後、一九九九年頃から本格的に開始されましたが、その中心的な内容は、カンボジアの民法、民事訴訟法の起草、という日本の法整備支援にとっては、きわめて異例というか、法典編纂という本格的な取り組みでした。日本政府による法整備支援が、外国に対して、基本的な法典編纂という事業をおこなったのは、かつて日本が植民地支配した台湾および朝鮮などに対する立法編纂事業を除き、他に見あたりません。

カンボジアでは、一九七五年四月一七日以降のポル・ポトによる支配の時期、芸能人、知識人など社会的影響力のある人々を中心に大量の人々が殺害されました。そして、法の分野では、裁判官、検察官、弁護士、大学教授など、ほとんどの人々が殺され、ポル・ポト統治のもとで生き残った法律家は、ほんのわずかにしかすぎず、数名だけだと言われています。ポル・ポトは、文化大革命の時代の毛沢東の教えにきわめて忠実に倣い、徹底して法機関とその担い手を排除していったのです。

私が最初にカンボジアを訪れたとき、プノンペン郊外のポル・ポト派による殺りく現場を訪れましたが、そのときのことは今でも忘れることができません。その場所は、カンボジアの普通の田舎の風景で、たんに田んぼがあるだけでした。連れていってくれた係の人に、「どこが殺りく現場ですか?」と聞くと、「ここです」と言って、言葉少なに、地面を指し示してくれました。

そこで、じっと地面を見ると、土の表面に、ここそこのあたり一面に人間の骨らしきものが飛び出ていました。まだ、遺骨が回収されていなかったのです。

それから数年後に再びその土地を訪れたときには、透明なガラスのようなもので卒塔婆が建てられ、埋められていた人々の頭部の骨がうず高く積み上げられており、このことにも驚きました。

このようなカンボジア現代史が抱える負の遺産から、新しい国造りをすすめるカンボジアにとって、立法支援を一から受け入れることは、異例とは言え、やむをえない合理的な選択でした。

憲法をＵＮＴＡＣが担当し、その憲法体制のもとで、刑法、刑事訴訟法をフランス政府が担当し、民法、民事訴訟法を日本政府が担当することとなりました。

日本政府は、民法起草には森嶌昭夫名古屋大学名誉教授、民事訴訟法起草には竹下守夫一橋大学名誉教授をそれぞれ座長として、数十名の日本の専門家が参加し、おのおの数年間にわたる現地との協議を経て、民法典、民事訴訟法典が完成しました。

ところで、カンボジアを初めて訪問したときに分かったことがあります。一九九〇年代中頃のプノンペンの目抜き通りには、いたるところに中国語（漢字）表記の商店があり、現地では、富裕な人々は中国系、次に富裕な人々はベトナム系、そしてそれにクメール系の人々が続く、と言われていました。

中国共産党が毛沢東時代のみならず鄧小平時代にもカンボジアに対して強い関心をもった理由の一つは、カンボジアは中国系住民が多数住んでいる国なのだ、という単純な事実であることを肌で知ることができました。途上国を知るための一つの有力な方法は、とにもかくにも現地を訪れることだ、とあらためて思い知りました。そのような動向にも刺激を受けながら、私自身は、その後、カンボジア憲法の研究に関心をもつとともに、カンボジアの法学者との交流に努め、とくに、カンボジアの若い学生への法学教育支援を課題として取り組むことになりました。

カンボジア王立法経大学の法学部長、そして学長を務めたユク・ゴイさんは、同世代ということもあり、親しくなりました。ゴイさんは、法律学の専門家ではまったくなく、元々は経営

ゴイ元学長（右から2人目）とテイリさん（右端）とともに【2014年10月13日】

学を研究した人でした。このあたりは、あまり本人に聞いたことはありませんでしたが、先にふれたように、カンボジアでは法学教授たちがほとんど殺されてしまったので、専門外のゴイさんが、法学部長という任務を引き受けることになったのです。

ゴイさんは、とくに法学教育支援の拡大を各国に積極的に要請し、旧植民地宗主国のフランスからは、フランス法の講義、図書の寄贈をうけ、また、フランス法センターの設立など多くの成果を得ました。日本からは名古屋大学日本法教育研究センターの設立を導き、その後、このセンターは、とても優秀な留学生を日本に派遣しています。

法典編纂支援、立法支援は、歴史のある局面では必要ですし、意義をもちますが、本来は、自国の法律は自分たちでつくるというのが基本であり、法律学の知識をもち法律を自らの手で起草できる人材の育成こそ、法整備支援の基本でなければなりません。

3 伝統的な社会主義の国——ラオス

ラオスという国は、東南アジアのなかでも私が最も好きな国の一つです。なによりも、人々が穏やかで、控え目で、さらには、私の好きなシルクとコットンのテキスタイルにあふれ、全国に多くの織物工房があり、手織りの織物がたくさんあります。しかし、ラオスは、内陸国家（海をもっていません）であるため、諸外国からの投資はまだそれほど多くはなく、最近では中国の影響も強まっています。

ラオスの首都ヴィエンチャンに初めて行ったのは、一九八一年九月に恩師の稲子恒夫先生と友人の高世仁さんとベトナムを訪問した帰路に、ヴィエンチャンに二泊したときです。その頃は、街はずれに行くと銃を構えた兵士がいたるところにおり、いかにも社会主義国に来た、という印象をもちました。

東南アジアで今日、社会主義を標榜する国は、ベトナムとラオスです。おのおの国名は、ベトナム社会主義共和国とラオス人民民主共和国であり、ソ連邦崩壊を前後する時期に、ラオスは一九九一年憲法を制定し、ベトナムは一九九二年憲法を制定しました。ともに、ラオス人民革命党とベトナム共産党の一党支配が続いています。しかし、比較の問題ですが、ドイモイ（刷新）政策採用後のベトナムより、ラオスの方が一層、伝統的な社会主義体制を堅持しているような印象をもちます。たとえば、ベトナムでは、一九九二年憲法で「人権」という用語を導入しましたが、ラオスは、ずっと遅れ、二〇一五年一二月の憲法改正において、「人権」という用語を憲法上に導入しました。このラオスにおける人権規定の導入は、言うまでもなく、二〇一五年一二月のASEAN共同体の成立に間に合わせる形で、つじつま合わせがおこなわれた、とみるべきでしょう。

そのようなラオスの政治と法の両面について、瀬戸裕之君（現新潟国際情報大学准教授）は、本格的に研究することを望んで、私のゼミナールに入ってきました。ラオス法の習得のためには、ラオスに留学することが必要であると考え、旧知のフイ・ポンセーナー先生（元ラオス司法省官房長官）に相談したところ、「分かった。自分の家に寄宿させればよい」との返事があり、瀬戸さんは、ラオス国立大学法学部に留学することとなりました。

ラオス国立大学法学部は、本部キャンパスとは離れた場所にあり、瀬戸さんの留学当時は、木造のいくつかの校舎があるだけでした。現在はスウェーデンやルクセンブルク政府の法整備支援によるキャンパス再開発が進み、以前よりはるかに立派になり、そこで法学教育がおこなわれています。

ポンセーナー先生は、かつての植民地宗主国であるフランスのエクス・マルセイユ大学に留学した、ラオスでは数少ない本格派の法学者でもありましたが、現在の法学部長であるヴィエンヴィライさんは、ラオス国立大学法学部を卒業後、名古屋大学大学院法学研究科に留学し、修士学位を取得した秀才です。ヴィエンヴィライさんの専門は、刑事法で、指導教授は大澤裕さん（現東京大学）でした。とくに、ヴィエンヴィライさんは、死刑廃止論に関心があり、ラオスでは、死刑廃止論が議論されています。

ラオスの法や政治を研究するには、ラオス国内においても専門書の出版などがきわめて乏しい現状では、その多くを現地でのヒアリングに頼るしかありません。瀬戸さんは、名古屋大学の博士号取得論文をもとに二〇一五年に『現代ラオスの中央地方関係――県知事制を通じたラオス人民革命党の地方支配』(京都大学学術出版会)を上梓しましたが、この本は、長年の聞きとり調査にもとづいてまとめあげた圧巻の書であり、二〇一六年の「ジェトロ・アジア経済研究所第三七回発展途上国研究奨励賞」を受賞しました。

瀬戸さんは、日本政府によるラオス法整備支援においても通訳として活躍してきたのですが、「努力の人」であり、学部生時代に渡航し、出会ったラオスを、生涯の仕事とした人です。

加藤延夫名古屋大学学長(当時)夫妻とブンニャン・ヴォーラチット副首相(当時。現在、ラオス人民革命党書記長兼国家主席)とともに。右端ポンセーナー先生、左端瀬戸さん。【1997年11月】

4 軍政から民政への国――ミャンマー

ミャンマーは、かつてはビルマと呼ばれた国です。第二次大戦後に独立を果たしますが、その後、長きにわたり軍事政権の時代が続き、二〇一六年春にアウンサンスーチーが国家顧問となり今日に至っています。

ミャンマーについて関心をもったのは、若い頃に、ベトナムと日本との関係を調べていた際に、一九四〇年にはじまる日本による「北部仏印進駐」、その後の「南部仏印進駐」など日本の東南アジア地域への占領支配と法の関係を調査して以来のことです。

第二次大戦前および戦中に、日本は、占領地域についての法の研究をおこないました。それには、主として東京大学法学部の先生たちが動員されました。たとえばベトナム、ラオス、カンボジアなどの「仏領印度支那」地域の法の研究には、宮沢俊義、福井勇二郎など、フランス法研究者が分担させられました。「蘭領印度」(今日のインドネシア)の法の研究には、宗主国であるオランダ法の専門家がいないので、ドイツ法に詳しい清宮四郎、田中二郎などの学者が動員されました。

これらの人たちの研究論文を読むなかで、蘭領印度とビルマの二地域には「軍政」が敷かれ、軍票（日本軍が発行した紙幣）が支配し、他の東南アジア諸国よりも一層本格的な支配がおこなわれたことを知りました。

したがって、仏領印度支那に対する法支配と、軍政にもとづく法支配がどのように異なるのか、また広く、台湾、朝鮮、「満州」へと続いた旧慣調査、慣行調査などの系譜の広がりの中で、東南アジア法調査の方法と意義を今日の時点で本格的に整理しておくことの重要性を認識しました。これらの課題には、まだ十分にこたえることができていないのですが、そのような問題関心をずっと持ちつづけていたので、ミャンマーはつねに気がかりな存在でした。

私が領域代表者として二〇〇一年から五年間にわたり採択された文部科学省「特定領域研究アジア法整備支援」プロジェクトでは、毎年多くの国際シンポジウムや共同研究をおこない、アジアの開発途上国から研究者を招へいしてきました。しかし、ミャンマーから法学研究者を招へいすることはできないでいましたし、大学間交流も実現できていませんでした。

二〇〇九年二月、フランスのストラスブールでＡＳＥＭ（アジア欧州会合）が「刑事裁判と人権」をテーマとして大きな国際会議を開催しました。

第一日目の会合の後、参加者はヨーロッパ評議会へと会場を移動することとなり、トラム（市内電車）に乗ったときのことでした。ミャンマーの民族衣装であるロンジーを着た女性がたまたま隣の席に座ったので、「ミャンマーからの方ですか？」と話しかけると、「そうです」と答えました。自分は、日本から来たと言うと、彼女は、「それだったら、エミを知っているか?」と尋ねてきました。私は一瞬とまどったが、「もしかして、それは、名古屋大学の牧野絵美さんのことですか」と言うと、「そうだ」との答えが返ってきたのです。名前を聞くと、ドウタンヌエとのこと。私は、この偶然の出会いに驚きました。このドウタンヌエさんは、私がこれまで何回も国際会議への招へいを試みていた、ミャンマーのヤンゴン大学法学部長だったのです。招へい状を出すといつも〝参加する〟という返事がくるのですが、きまって、会議の直前に「残念ながら、ミャンマー政府から出国許可が下りないので出席できない」という連絡がきていました。その本人にストラスブールで初めて会うことができたのです。ミャンマーでは

ミャンマー・日本法律研究センター開所式にて濵口道成前名古屋大学総長(中央左)ドウタンヌエ先生(中央右)牧野絵美さん(左端)とともに【2013年6月29日】

二〇一一年に民政移管がおこなわれましたが、それ以前の軍事政権のもとでは、大学教員などの海外渡航は厳しく制限されていました。

ドウタンヌエ先生は、「つい最近にヤンゴン大学法学部長職を定年でリタイアしたので、このようにストラスブールにも来ることができるようになりました」と説明され、その後は、日本の国際会議にも来ていただくことができるようになりました。

ドウタンヌエ先生は、ラングーン大学（一九八九年、ヤンゴン大学に名称変更）法学部を卒業後、英国のロンドン大学のUCL（University College London）に留学し、その後、帰国し、母校の法学部教員として働いてきました。法学部長を長きにわたり務めましたが、教員時代の主たる担当科目はビジネス法などでした。学部長を終えた後は、ミャンマーの人権委員会のメンバーなどの要職を務めるなどしたミャンマーで最も著名でかつ影響力のある法律家です。

牧野絵美さん（現名古屋大学講師）は、学部、大学院と私のゼミ生ですが、修士課程在学中に、JICAミャンマー事務所（当時の所長は佐々木隆宏さん）のインターンシップに応募し、首尾よく採用され、ミャンマーのヤンゴンに滞在しました。佐々木所長から与えられた調査テーマは、「ミャンマーにおける法学教育の現状と課題」であり、牧野さんは、名古屋大学に留学していたミャンマー人の伝手を頼りに、日々、ヤンゴン大学法学部に調査に行っていました。その折りに、懇切丁寧にミャンマーの法学教育について説明してくれたのが、当時、法学部長であったドゥタンヌエ先生でした。牧野さんを自分の娘のように可愛がってくれたドゥタンヌエ先生にとって、日本人と言えば「エミ」さんしか思い当たらなかったのです。

ミャンマーに対する法整備支援は、日本政府レベルでは重点国の一つとしておこなわれ、日本の法務省からも首都ネーピードーに専門家が派遣されています。私自身も、日本学術振興会の科学研究費を受け、「比較法から見たミャンマー連邦憲法裁判所」の研究を三年間にわたりおこなってきました。とくに憲法裁判所長官を二〇一一年三月まで務めたミャテイン長官には、ネーピードーの憲法裁判所で何度も教えを受けることができました。

ミャテイン長官は、二〇一一年四月の政権交代で、その職を退きましたが、私にとって、と

ミャンマー憲法裁判所ミャテイン長官（当時）（左）とラミョーヌエ判事（右）とともに【2014年6月19日】

ても思い出に残る法律家です。

ミャンマーでは、アウンサンスーチーによる政権へと移行しましたが、はたして憲法裁判所がうまく機能するかどうかは未だ不分明です。なぜならば、憲法保障の一機関としての憲法裁判所が国会や政府に対抗して自立的な判断を下すためには、政治における民主化の成熟と、それを支える国民世論の形成が必要だからです。

ミャンマーは、かつては、イギリスの植民地支配を受け、ベトナムなど大陸法系の影響を受けた他の法整備被支援国とは異なり、イギリスの植民地法のもとで、コモンローの強い影響をもっていました。コモンローの影響を受けた現代ミャンマー法の研究と法整備支援は、日本のこれまでの法整備支援にはなかった新しい知見を与えてくれると思われます。

5 ソ連から独立した国――ウズベキスタン

中央アジアの一国であるウズベキスタンはロシア帝国の一九世紀の時代にロシアの植民地に組みこまれました。そして、一九一七年のロシア革命の後の一九二四年には、ソ連邦の一共和国となりました。一九九一年にソ連邦が廃止されるにともない、独立国となり今日に至っています。

日本政府の法整備支援プロジェクトの一員としてベトナム、カンボジア、ラオスなどへの支援に関与しながらも、ずっと心にひっかかることがありました。それは、「東南アジアだけではなく、中央アジアの法整備支援にも取り組むべきではないか」という思いです。

ウズベキスタンは、言うまでもなくシルクロード時代の大都会であるサマルカンド、ブハラ、ヒバなどの街を有する国です。日本からは通常、韓国の仁川（インチョン）空港経由で首都タシケントへ行きます。二〇〇〇年一月に、ロシア語に堪能な同僚・友人である市橋克哉さんと樹神《こだま》成さんを誘って、ウズベキスタンの法状況、法学教育の実際を知るために現地に入りました。

当時の駐ウズベキスタン大使は中山恭子先生（現参議院議員）であり、中山先生の親切なご配慮を得て、その後、名古屋大学とタシケント法科大学の協力関係は、きわめて急速に進みました。

のちに、市橋さんと樹神さんは、ＪＩＣＡの専門家として、ウズベキスタン司法省をカウンターパートとして、行政手続法の起草支援に携わることとなりました。

名古屋大学はアジアの七ヶ国に八つの日本法教育研究センターを設立することになりましたが、実は、そのセンターを最初に設立したのは、ウズベキスタンのタシケント法科大学でした。学術交流の歴史は、他のアジア諸国とのほうがずっと長かったのですが、なぜ、ウズベキスタンがセンター設立の第一号になったかと言うと、次のような理由がありました。

　第一には、中山大使とカリーモフ大統領（当時。故人）との間に強い信頼関係があり、中山大使が法学教育支援の意義を認めて下さり、大使退任後もさまざまにサポートしていただいたことです。外国の大学がウズベキスタンの大学に教育センターを設置するには種々の困難が存在しますが、そのようなサポートの結果、日本法教育研究センター設立許可が、他のアジア諸国の大学より早く出たのです。

　第二には、タシケント法科大学の当時の学長であったルスタムバーエフ先生が日本による法学教育支援を積極的に受けとめたことによります。ルスタムバーエフ先生をはじめ、アフメードフ副学長、ユスーポフ副学長らは、すでに退

サマルカンドのレギスタン広場

職されてしまいましたが、これらの人々との出会いは、私にとってきわめて幸いでした。その後、タシケントに名古屋大学事務所が設立され、日本の諸大学との学術交流および入学案内などを担当しています。また、私がいま運営を担当している愛知県立芸術大学によるサマルカンドペーパー（手漉《てす》き紙《がみ》）の復興など、美術、音楽などのウズベキスタン国立美術大学、コンセルヴァトワール（国立音楽大学）との芸術分野交流も進展していますが、日本の大学との本格的な交流に尽力した上記の人々こそ「最初に井戸を掘った人々」です。

そして、今日ではウズベキスタンの日本法教育研究センターで日本語と日本法を学んだ数多くの留学生が名古屋大学などへ派遣され、これらの学生には、十六銀行や大垣共立銀行からの

ウズベキスタンの前タシケント国立法科大学長ルスタムバーエフさん（右から2人目）と仲間たち【2012年11月11日】

奨学金が授与されるなど、民間企業のサポートも得られています。

6 一九二四年から社会主義だった国――モンゴル

モンゴルは、ロシアに続いて、一九二四年に第二番目の社会主義国であるモンゴル人民共和国となりました。そして、一九九一年のソ連邦の解体の翌一九九二年に「モンゴル国」となり、長きにわたるソ連邦の「衛星国」から脱しました。

モンゴルの夏は短いのですが、夏になると草原には、いっぱいの草が生えます。草原一帯にハーブの香りが漂い、その香りは身体中に浸みて、夜ホテルのベッドに寝ころがっても、ずっと香りが持続するほどです。

「モンゴル法を研究したい」と言って私のゼミナールの門を叩いたのは、中村真咲君（現名古屋経済大学教授）でした。「面白いことを言ってくる奴がいる」というのが第一印象でしたが、その後、中村君は、より本格的にモンゴル法を修得するために、モンゴル国立大学法学部へ留学しました。

かつての日本では、とくに第二次大戦前の時代には、「蒙古学」の伝統があり、それは主と

モンゴル国会議事堂

ナランゲレル先生（右）とウランバートル郊外の別荘にて【2012年10月4日】

して漢籍にもとづく研究でした。モンゴルが社会主義の時代には、ロシア語文献にもとづく若干のモンゴル法研究がありました。たとえば、早稲田大学の早川弘道さんは、モンゴルの「非資本主義的発展の道」についてレーニンのテーゼにもとづく研究をおこないました。しかし、現代のモンゴル法をモンゴル語で本格的に研究するというのは、蓑輪靖博さん（現福岡大学教授）と中村君だけです。

中村君の紹介で、モンゴル国立大学法学部長のナランゲレル先生と、憲法裁判所長官のアマルサーナ先生と知り合うことができました。ナランゲレル先生は、現在は人権派の弁護士として活躍されていますが、日本の法学教育支援プロジェクトを法学部長として全面的に支え、その礎を築いた先生です。また、アマルサーナ先生は、体躯がよく堂々とした方で、憲法裁判所というモンゴル社会でも重要な機関を担当しています。

モンゴル法の研究は、ベトナムをはじめとする東南アジア諸国の法を研究するうえで、とくに、社会主義法を全面的に受け入れた歴史を、アジアのその他の社会主義法を採用した国々との相違にもとづき比較法的に考えるうえで、きわめて重要な意義をもっています。

第一章　アジアの国々の法はどのような構造をもっているか

1 日本におけるアジア諸国の法制度研究

私が、これまで法整備支援をおこなってきて一番思うことは、相手の国の法律、あるいは相手の国の社会を知ることなしには法整備支援はできないということです。その国の社会や法制度についての知識を欠く法整備支援論というのは、かなり限界があるもののように思われます。そこで、日本におけるアジア諸国の法制度の研究はどうなっているのか、少し紹介しておきたいと思います。

●日本の法制度はどのように形成されてきたのか

そもそも、日本の法制度の形成の歴史はどのようなものだったでしょうか。それには幕末に欧米列強と結んだ不平等条約の問題が大きな影響を及ぼしています。なぜ不平等条約が結ばれたのか、なぜ不平等な内容となったのかと言うと、理由は大きく二つあります。

一つは、当時の日本ではキリスト教が禁止されていたので、欧米からすると、キリスト教があまねくその世の中に行き渡っていない国は野蛮な国だという位置づけがされていたこと。もう一つ重要な理由は、日本には近代的な法制度が存在しないということ。この二つの理由から、不平等条約が押し付けられました。もちろん、軍事力の圧倒的な差であるとか、欧米諸国による植民地支配への志向も背景にはあったのですが、理屈としては、この二つの理由が挙げられたのです。

そのために、明治政府の最大の課題は、不平等条約の改正ということになったわけです。不平等条約を改正するためには、近代的な憲法を作らなければいけないし、近代的な法制度を作らなければいけないということで、その後の明治政府のもとで法整備がおこなわれるのです。

それまで日本には、いわゆる法律学という学問の伝統が存在しませんでした。そこで、他の学問分野と同様に、ヨーロッパから外国人、いわゆる「お雇い外国人」を高いお金を払って招き、かれらの力で日本の学問を確立していくという方法が採られました。

その時期、法律の分野の「お雇い外国人」で有名な人物としては、フランス人ではボワソナード、ドイツ人ではロエスレルといった人がいます。そのようなフランスやドイツの法律家を日本に招へいして、彼らに司法省の法学校で授業をさせ日本人の若い人たちを鍛える一方、憲法や民法、刑法などの立法作業にも深くかかわらせたという歴史があるのです。

法政大学は和仏法律学校の流れをくんでいて、学校の近くにはフランス人の先生方が数多くいたといわれています。一時期、ボワソナードもその学校の教頭をしていたということで、法政大学はボワソナードというビッグネームを校舎の名前にもしています。

ボワソナードは、明治憲法の起草等にもかかわったようですが、なんといっても大きな仕事は、「ボワソナード民法典草案」といわれる、フランスのナポレオン民法典を中核においた、日本民法の制定作業でした。

ボワソナードは、司法省の法学校の教員として多くの優秀な弟子を育てましたが、とくに有名なのは梅謙次郎です。名古屋大学名誉教授の大久保泰甫先生の研究によると、ボワソナードの一番弟子であった梅謙次郎は、卒業のときに二番だったにもかかわらず首席の人を差し置いてフランスのリヨン大学へ留学させてもらえた、二番だったのは病気で一回試験を休んだために点数が一回分足りなかったからで、ボワソナードからしてみると梅謙次郎が一番優秀だというので、当然、梅を送るということになったと。リヨン大学に留学した梅謙次郎は、語学のハンディをものともせずに首席で卒業をするという、大変な優等生であったそうです。

さて、結局、日本ではボワソナード民法典草案に代わって、ドイツ流の民法典の考え方をもとに民法ができあがるのですが、ボワソナードの努力は無駄になったわけではなくて、その後の今日に至る日本の民法の考え方に非常に大きな影響を与えていると民法研究者は言っています。

●アジア法への関心の低さと戦争目的の法研究

このように日本の法学は、不平等条約の改正をめざすという当初の理由からヨーロッパの国々から法律学を学び、第二次大戦後はアメリカ法の影響を受け、それに倣って制度をつくるという考え方が顕著でした。そのため、アジアをはじめ、欧米以外の国々の法制度についてはまったく無関心であったし、誰も研究をしないという歴史になったのです。

唯一例外は中国の法律です。なぜ中国の法律について日本の法学者がある程度関心をもったのでしょうか。日本には、歴史的にいわゆる儒学の伝統がありました。これは、中国学と言い換えてもよいのですが、日本の歴史には律令制の導入から始まって中国がさまざまな影響を与えてきたので、中国語を読める学者が多かったし、中国法についての関心も高かったのです。

では、中国以外のアジアの法は、誰が、いつ、どういうふうに研究してきたのでしょうか。たとえば、モンゴルについては、蒙古法研究というかたちで、戦前の日本において、中国法研究の派生的な研究として、つまり、中国語の文献を使って蒙古法研究が一部でおこなわれました。

それから、もう一つの例外は、一九四〇年前後から第二次世界大戦の敗戦に至る過程で、日本が占領支配した東南アジア諸国です。先にも述べましたように、当時、日本は、蘭領インド

（現インドネシア）、ビルマ（現ミャンマー）に軍政を敷きました。軍政というのは、正式な植民地支配ではありません。正式な植民地支配というのは、いわゆる総督府を置いて統治します。台湾総督府とか、朝鮮総督府というものがそうです。つまり、宗主国である日本の出先機関である総督府が、その地域を植民地支配するというやり方です。他方、蘭領インドとビルマについては、軍が支配し、統治するという軍政を敷きました。さらに、ベトナム、ラオス、カンボジアなどかつての仏領インドシナに対しては、日本軍が入っていって事実上の占領支配がおこなわれました。植民地支配であれ、軍政であれ、何であれ、統治するためにはその地域の法と慣習を知ることなしには不可能です。そこで、にわか仕立ての蘭領インド法研究、ビルマ法研究、仏領インドシナ法研究が、当時、一斉におこなわれた時期があります。

それは、日本の植民地支配の、言葉は悪いですが、「あだ花」として日本社会の中に出てきたものです。しかし、言うまでもなく、数年間の研究で一つの国の法制度が分かるはずはありません。そこでどうしたかと言うと、今挙げた地域のもともとの宗主国の研究成果を活用したのです。仏領インドシナはフランス、ビルマはイギリス、蘭領インドはオランダ、マレー半島はイギリスが宗主国でした。そういうヨーロッパの国々は、植民地にするにあたって、現地の法律情報であるとか、法慣習についての調査をすでにおこなっていたので、それらの成果を活用するかたちで、研究成果が出たのです。

ところが、そのようにしておこなわれた東南アジア法研究ですが、学者の水準が高いのです。今の目から見ると、内容的には非常に立派な研究がおこなわれたように思います。

では、これらの研究は、日本が敗戦し、戦後の日本社会になったときにどうなったかと言うと、当然、戦争目的のためにおこなわれた研究ですので、戦争が終わった以上やる必要がなくなって自動的に終了してしまいました。

●戦後のアジア法研究とアジア経済研究所

その後、東南アジア法について研究する人は、長い間いませんでした。誰もやろうと言わなかったし、実益がないから誰もやらなかった。結局、戦後、新しく東南アジア法とか、アジア法研究が登場するのは、私の理解では、一九六〇年代の初めです。

一九六〇年にアジア経済研究所というシンクタンクが通商産業省のもとでつくられます。第二次大戦後の経済的困難から日本が立ち直り、経済成長の軌道に乗り、再び日本がアジア諸国、とくに東南アジア諸国と経済関係を結んで進出していくというときに、アジア経済研究所をつくったのです。

経済研究所という名称なので経済だけが研究目的かというとそうではありません。経済分野に非常に力を入れだけでなく、投資やビジネスにおいても法制度の理解は必要なので、当然のことながら法律分野のセクションも設けられました。そのもとで、日本がアジア諸国へ進出していく場合に必要な法制度、つまり投資のために必要な会社法であるとか、労働法、知的財産法などの法分野の研究が、盛んにおこなわれるようになりました。

しかし、残念ながら大学の研究者にアジア法研究が波及することは少なかった。

全体的にみると、日本の大学においては、アジア法の研究自体に、まっとうな地位がずっと長きにわたって与えられてこなかったという歴史があります。法学を研究する人も、誰もが何の疑いもなく、研究対象はヨーロッパ、アメリカだと思い、アジアの法律を研究するなどということは、一顧だにされなかった時代がずっと続いてきたのです。

私の専門とする憲法学では、一九八九年に小林直樹先生とか樋口陽一先生たちが中心になって、「『アジア憲法シンポジウム』というのをやろう」ということで、アジア諸国から研究者を呼んで横浜で開催したことが、重要な動きとしてありました。

不幸なことに、一九八九年六月四日に中国の天安門広場で民主化を求めて集まった学生など市民に対して軍隊が弾圧するという天安門事件が起こりました。小林先生はいろいろ悩んで、「そういう言論抑圧をする国から代表を呼ぶことはできない」と考えて、結局、中国の研究者は呼ばなかったという出来事もありました。そういうイレギュラーな事態もありましたが、シンポジウムでは日本の憲法学者とアジア諸国の憲法学者との交流がおこなわれました。

大学でアジア法研究に大きな転機がきた時期もちょうどそのころで、日本の大学の法学部にアジア法という科目がつくられたのが、一九八八年ころです。その最初の栄誉を担っているのが一橋大学法学部です。そのときの法学部長は杉原泰雄先生でした。韓国と中国の研究者を客員で招き、半期ずつ講義をするということでしたが、とにかくアジア法という科目名をつけた最初です。

そのあと、いくつかの大学にアジア法科目がぽつりぽつりとできてくるようになりました。法政大学にもでき、早稲田大学出身の大村泰樹さんが、九〇年代の初めからアジア法をずっと担当していました。私が非常勤で講義をもっていた愛知学院大学とか名古屋大学にもアジア法という科目ができました。しかし、全体としてみると、アジア諸国の法律を研究する人たちというのは、それほど多くありません。とは言え、二〇〇三年には日本でもアジア法学会が結成されました。そこに集まる顔ぶれを見ると、若い人の中にいろいろなアジア諸国の法制度を研究する人たちが、出てきています。

私自身についていうと、カンボジア、モンゴル、ベトナム、ラオス、インドネシア、マレーシア、ミャンマー、インドといった国々を対象とする日本人研究者を、名古屋大学で育てることができたということが、教育者の私にとっては一番の勲章のように思っています。

2 体制転換と法——法整備支援は、ここから始まった

「体制転換」という用語は、一般には、既存の体制が転換するということを意味します。しかし、ここで「体制転換」という用語を用いる場合には、一九八九年の東欧社会主義体制が崩壊し、また、一九九一年にソ連邦が解体し、各共和国が独立し、新しい体制へと転換したことを指しています。同時に、ベトナムやラオスも、ベトナム共産党、ラオス人民革命党が一党支配を維持しているものの、市場経済の導入、対外開放政策の採用など、国家と社会のあり方が従来とは大きく変化してきました。法整備支援という現象は、実は、このような「体制転換」ときわめて密接な関係をもっているのです。

一九八九年という年は、現代史を理解するうえで、決定的な意味をもっています。この年、すでに、ポーランドとハンガリーは、民主化や複数政党制への移行に着手しました。そして、七月、八月の時期、東ドイツの市民たちは、ハンガリーとオーストリア国境が開放されるとのうわさを聞きつけ、多くの人々が、ハンガリーの首都ブダペストをめざしました。

ブダ地区には、マーチャーシュ教会があり、ドナウ川をはさんだ向い側には、ハンガリーの国会議事堂がありますが、この教会に多くの東ドイツ市民が集まってきました。そして、つい

に八月一九日、ハンガリー・オーストリア国境が開き、東ドイツ市民はオーストリアに入り（ハンガリー・ピクニック）、その後、西ドイツへと入国したのです。

その結果、東ドイツから西ドイツに逃れる人々を阻止するために一九六一年に建造された「ベルリンの壁」は、意味をもたないものとなりました。そして、一一月九日、ベルリンの壁は、崩壊しました。東ドイツ社会主義体制は、崩壊したのです。

さらに、一二月には、ルーマニアではチャウシェスク大統領が、民衆の抵抗にあい、失脚し、公開処刑され、東欧社会主義体制は、終焉しました。

そして、一九八九年を一つの明確な画期として、西側諸国の開発援助機関、国際機関などさまざまなアクターが、とくに体制移行国に対して法整備支援をおこなうようになりました。

一九八九年、スウェーデンの国際開発庁（ＳＩＤＡ）は、ベトナムの「国会の立法能力向上」のための支援を開始しました。それを最初の法整備支援として、その後、アメリカ、カナダ、フランス、ドイツ、日本などの国々、また、国際機関が、法整備支援に乗り出すこととなりました。

この一九八九年という年は、フランス革命二〇〇周年の年でもあり、パリでは多くの祝賀行事を年間を通じて催し、憲法学関連のシンポジウムも開催されました。

このフランス革命二〇〇周年の時期をねらって、ベトナムの法学者は、「人権」キャンペーンを「国家と法」誌（国家と法研究所）でおこなうなど積極的な動きをみせました。また、ベトナムの急進改革派の動きも顕著となり、「複数主義」（プルーラリズム）を提唱する人々も登場してきました。

ベトナム共産党は、「複数主義」の主張を容認することはありませんでしたが、このような一連の動きに対して、「法治国家をめざす」という主張を新たにおこなうこととなりました。

一九九〇年代初頭のベトナムは、かつての支援国である東欧社会主義諸国、ソ連の体制転換の結果、もはやこれらの国々からの援助に頼ることができないことを明確に意識した対応を迫られることとなりました。

体制転換の産物として、後に日本政府による法整備支援対象国となるベトナム、ラオス、カンボジアでは、相次いで新しい憲法がこの時期に制定されました。

最初に、一九九一年にラオスの憲法が制定されました。この憲法は、きわめて伝統的な社会主義憲法の型に属しており、体制転換と呼べる条文はほとんどありません。

一九九二年にベトナム憲法が制定されますが、それまでベトナムが追求してきた市場経済化と対外開放政策を明確に実現する内容の憲法となっており、「私的所有」という新たなカテゴリーの承認とともに「人権」規定も導入するなど、体制としての社会主義的国家統治は維持しながらも、体制転換期にふさわしい内容を盛り込みました。

一九九三年のカンボジアの憲法は、内戦を収束するためのＵＮＴＡＣ（国連カンボジア暫定統治機構）のもとで制定され、また、複数政党制を導入し、さらに、憲法評議会を新設するなど、文字どおりの体制転換を果たし、社会主義体制からの離脱を図りました。

したがって、西側諸国が開始した法整備支援というプロジェクトは、一九八九年を前後するソ連・東欧社会主義体制の崩壊という事態を受けて、西側諸国が、各国によって動機づけは異なるものの、これらの体制転換国や体制移行国を自らの陣営の内に取り込む、というきわめて政治的な性格の強いプロジェクトとして出発したのです。

この政治性をあらためて理解しておくことは、法整備支援というものを考えるうえでは、重要です。念のために言っておけば、およそ開発援助にかかわるさまざまなプロジェクトは、政治性をもっており、その政治性を理解したうえで、おのおののプロジェクトの意義をどのように考えるかが課題となります。

法整備支援を実施する意義は、法の支配、民主主義、人権、良き統治が、これらの国々に根づく、ということを目的としている、と考えます。

これらの諸価値は、しばしば「普遍的価値」とも、日本政府によって語られますが、二〇一五年のＡＳＥＡＮ共同体の結成後のベトナム、ラオス、カンボジア、ミャンマーなどＡＳＥＡＮ諸国の多くにとって、これらの諸価値は未だ「普遍的」とはなっていません。このことは、法整備支援が今後もこれらの国々との関係において引きつづき実施されなければならないことを、逆に示唆しています。

3 ベトナムの社会と法

法整備支援をある国に対しておこなう場合には、その国や、広く言えば、その周辺地域も含めて、これまでどのようなルール（法準則など）によって紛争が処理されたり、社会が運営されてきたかについて、可能なかぎりよく知らなければなりません。

これらの知識をより詳しく習得できるかどうかは、法整備支援をより効果的におこなうことができるかの一つの決定的な条件となります。

これまで、日本政府は、ベトナムをはじめカンボジア、ラオス、ミャンマー、インドネシア、モンゴル、ウズベキスタン、ネパール、バングラデシュなどアジアの数多くの開発途上国への法整備支援に関与してきましたが、ここでは、ベトナムという私の専門分野での法構造を概観することを通じて、本節のテーマを考察していきたいと思います。

●律令制の導入と伝統法――中国法の影響

ベトナムの首都ハノイは、喧噪と静謐が同居する街です。かつては昇龍《タンロン》と呼ばれたこの街は、昔も今もベトナムの中心都市です。

ハノイでは早くも五月初旬から蝉の鳴き声が大きくなり、蒸し暑い日々が続くようになります。そんなとき、ハノイの中心にある文廟に行き樹木の陰にすわっていると、暫し、街の騒がしさと暑さから解放されるような気がします。

文廟とは孔子廟のことで、孔子が祀られています。そして、文廟の中庭には、石で造った大きな亀の甲羅の上に石碑が建てられ、その碑には、漢字で年号と氏名が彫られています。これは、科挙試験で進士に合格した人物の名前であり、その人物を顕彰するものです。科挙試験の

ハノイ市内の文廟

中でも「進士」は最も難しい試験です。

このことに見られるように、古い時代のベトナムは、中国の法制度、国家制度が大幅に移入された歴史をもち、中国の属国として存在してきました。

ハノイの通り名を見ていると、ハイ・バー・チュン（徴姉妹）通りをはじめとして、中国からの独立をめざした人々が英雄として扱われ、名前が残されています。

さて、古い時代の中国の法制度とは、一般には、律令制と言われ、それは、日本にも影響を与えましたが、「律」とは刑法のことであり、「令」とは行政法に相当します。

しかし、ベトナムは中国の属国とはいえ、当時の中国法をそのままコピーして施行していたわけではなく、それとは異なる特徴ももっていました。一五世紀に制定された洪徳（ホン・ドゥク）法典は、当時の中国の唐律から影響を受けつつも、それとは異なる制度も採用し、女性の財産権を認めたり、女性の地位に配慮が図られていました。

このことを明らかにしたのは、日本の中国法制史家の仁井田陞博士であり、仁井田先生は中国法のみならず、中国周辺諸地域の法の研究への旺盛な取り組みをおこない、古い時代のベトナム法研究に大きな功績を残しました。

また、中国に起源をもつ「郷約《きょうやく》」（村の掟）が、一五世紀にはベトナムにも導入されてきました。郷約は、フランス植民地時代にも「改良郷約」として支配のために活用されましたが、一九四五年の独立以降、いったんは廃止されました。その理由は、郷約の内容は古く、また儒教の影響を受けたものであり、革命の時代には、反動的で時代遅れのものと判断されたからでした。

しかし、奇妙なことに、一九八〇年代末から、ベトナムでは「新しい郷約」運動がおこり、復活してくるという現象がみられるようになりました。

郷約とは、元来、村における紛争解決や、村の結婚式における結納など、婚姻・家族に関する規定などから成り立っています。これらの郷約について、ベトナムでは、「法治国家」を支えるものとしての郷約、という説明がなされることが一般的ですが、国家制定法とは異なる「村の掟」が機能しているベトナムの現状は、外部からは、なかなか理解することが困難です。

ちなみに、郷約は、中国ではすでに廃止され、韓国でもおよそ数年前に最後の郷約が廃止されている一方で、ベトナムでは復活しているという状況は東アジアにおける比較法文化論として、きわめて興味深い学問的な研究課題です。

国家制定法とともに「村の掟」が併存する状況は、法整備支援をおこなう際に留意しておくべき、一つの重要な論点でもあります。

●植民地法の刻印

一九世紀中頃よりベトナム、ラオス、カンボジアは、フランスによる「連邦植民地」として支配されることとなりました。

植民地時代の宗主国フランスによる支配はベトナムに即していえば、きわめて過酷なものでした。一般に、ある国がどこか他の国、地域を植民地にするということは、きわめて理不尽なことであり、植民地とされた人々にとっては、とうてい承服できることではありませんでした。そのことを端的に告発したのは、ベトナムの愛国主義者といわれるファン・ボイ・チャウであり、そして、ベトナム建国の父といわれるホー・チ・ミンでした。

ファン・ボイ・チャウは、二〇世紀の初頭に、日露戦争に勝利したアジアの一国である日本に思いを寄せ、また期待し、ベトナムの青年を日本に留学させる運動をおこないました。これは「東遊運動」と呼ばれています。

当初は、その運動を歓迎した日本政府でしたが、フランスから抗議されるや否や態度を一変させ、ファン・ボイ・チャウを迫害する側に回ったのです。

静岡県に磐田という町があります。そこに住んでいた浅羽佐喜太郎さんという医師が、迫害されたファン・ボイ・チャウを援助したのですが、三〇年以上前にお訪ねしたときに、子孫の方々が、そのときの思い出を数葉の写真とともに語ってくださいました。

後年、ファン・ボイ・チャウが再び日本に来たときには、その時の恩に報いるために漢文の文章で感謝を示し、浅羽家の近くの寺に碑を建て顕彰しました。

さて、ファン・ボイ・チャウは漢文で書いた「天か帝か」という論文の中で、フランスによる植民地法が、とくに刑事法によって過酷な弾圧をおこなっていることを告発しています。

また、ホー・チ・ミンはすでに一九二〇年代に、「フランス植民地主義を告発する」という文書を書きましたが、ホー・チ・ミンが起草した一九四五年「独立宣言」は宗主国であるフランスと、一九四〇年以降支配した日本に対し抗議する内容を述べています。

一般にフランスは、イギリスとの対比で「二流の植民地宗主国」と言われます。その理由は、フランスは植民地支配した地域や国のすみずみにまでキリスト教の教会を建て、大きな町にはオペラハウスを作りましたが、道路や鉄道などのインフラ整備にはまったく無頓着であったからです。

「独立宣言」は、フランスが教会とともに「監獄」を数多く作ったと述べ、フランスに抵抗する人々には苛酷な刑罰が実施されたことを告発しています。

ハノイの街中にハノイタワーという近代的なビルディングがあり、商業施設となっています。その近くには、メリア・ホテルという立派なホテルがあり、そのホテルのすぐ隣には、べトナムの最高人民裁判所があります。この最高人民裁判所の建物は、二〇世紀初頭にフランス人建築家の設計により建てられたもので、黄色の植民地風の色合いで、現在も現役として利用されています。この建物は、バーディン広場の近くにある、かつてのインドシナ総督官邸の建物（現在は、大統領府として活用されている）と並び、きわめて堂々とした建造物です。最高人民裁判所を見ると、「法と正義」を掲げるフランスが、いかにも造ったものだという印象をもちます。

一九八一年に初めてハノイに行き、この最高人民裁判所を訪れましたが、その頃は老朽化がひどく、水洗トイレは完全に壊れ、用をたしたあとは、脇に置かれた桶からひしゃくで水を汲んで流すという有様でした。その後、ベトナムではドイモイ（刷新）事業が進展し、市場経済

最高人民裁判所

化が進む中で、この建物は修繕され、今では水洗トイレも完全にもとどおりに直っています。そして、この最高人民裁判所の隣には、「ホアロー刑務所」がありました。ベトナム戦争中にはまだ活用されていて、撃墜されたアメリカ人パイロットらが捕虜として収容され、人々から「ハノイ・ヒルトン」とも呼ばれていました。

しかし、ドイモイ（刷新）の時代になると、市場経済化の流れの中で、ハノイの街中の一等地であるこの場所にハノイタワーを建設するという計画がもちあがり、結局のところその案が承認され、この刑務所の塀だけを残し、今では、ホアロー刑務所の小さな記念館となっています。

これは、植民地時代にベトナムの反フランス運動をした愛国者たちを忘れないようにするための措置であったといわれています。植民地時代、フランスは、抵抗した人々を裁判にかけ、有罪判決を出し、あっと言う間に隣の刑務所に収容していきました。ホアロー刑務所は、当時の様子を最もよく示す場所なのです。

フランス文明の精華を植民地の人々に伝えるという「使命」をもって、フランスは植民地支配をこの地におこなったのですが、人々は圧政をいつまでも容認することはありませんでした。

一九四五年九月の「独立宣言」からわずか一年後に、ベトナムとフランスの戦争が始まりました。この戦争は、その後、一九五四年まで続きました。結局、ラオスに近い国境の町であるディエンビエンフーの戦闘でベトナム側が勝利し、フランスは白旗を掲げたのです。

ベトナムの法律家に、「フランスの植民地支配は、ベトナムの法にどんな影響を与えたか」という質問をしたことがあります。

そうしたら、「フランス植民地法は、無謀な植民地支配を維持しようとして、苛酷な弾圧のための法制度を作り上げたが、しかし、一番問題なのは、人々が法に対する信頼をなくし、法というものは、お上の支配のために存在するものであり、けっして人々の暮らしや権利を守るものではない、という考え方、すなわち法意識を人々に植えつけてしまった」という回答が返ってきました。

●社会主義法と「適法性」

ベトナムは、第二次世界大戦後、独立し、ホー・チ・ミンを大統領(国家主席)とする国家体制を作り上げました。

ホー・チ・ミンは、一八九〇年、ベトナム中部のゲアン省で生まれました。ホー・チ・ミンの生家が今日でも保存されていますが、ゲアン省は、ゲティン・ソビエト運動の地としても有名です。元司法大臣のグエン・ディン・ロクも、私の友人であるダオ・チ・ウックも、ゲアンの出身です。ゲアン省は、ブオイ(日本では晩白柚《ばんぺいゆ》がいちばん形や味が似ている。ざぼんの一種)の名産地であり、ゲアンの人は、自分の土地のブオイが最も美味しいと言います。

さて、幼名をグエン・シン・クン（阮生恭）といったホー・チ・ミンですが、二一歳のときフランスに渡航し、一九一七年のロシア革命に感激し、その後、一九一九年にフランス社会党に入党します。ヴェルサイユの講和会議には、「安南人民の要求」という嘆願書を提出し、その際にグエン・アイ・クオック（阮愛国）という名前を用いました。「愛国者のグエン」と名乗ったわけですが、フランス共産党が結成されると加入し、その後、ソ連に渡り、コミンテルン（世界共産党）の活動に参加しました。そして、中国で活動しているときに、「ホー・チ・ミン」（胡志明）という名を名乗ることとなったのです。

さて、ホー・チ・ミンは、一九四五年九月二日に「独立宣言」を読み上げました。ハノイの霞が関とも言える「バーディン」地区には、今日では、新築されたばかりの国会をはじめ、大統領府、ベトナム共産党本部などが立ち並んでいますが、その地区の中心には、バーディン広場があり、そのさらに中心には「ホー・チ・ミン廟」があります。

ホー・チ・ミン廟は、一九六九年に亡くなったホー・チ・ミンが、今もなお、「加工」されて横たわっている奇妙な空間です。

しかも、ベトナム一九九二年憲法以降、憲法上の規定の中に「マルクス・レーニン主義」と並んで、「ホー・チ・ミン思想」なる文言が入れられ、ホー・チ・ミンは死んだ後も、神格化され、ベトナムの政治体制の中に深く組み入れられています。

現行中華人民共和国憲法が「序言」（前文）の中に、同様に「マルクス・レーニン主義」と並んで「毛沢東思想」という文言を有していますが、ソ連の法律顧問団が起草に関与した一九八〇年憲法までは、「ホー・チ・ミン思想」という文言は注意深く採用されていませんでした。しかし、一九八九年の東欧社会主義体制の崩壊とその後のソ連邦の解体以降に、ベトナムは、「ホー・チ・ミン思想」という用語を頻繁に用いることになったことは、興味深いことです。

さて、ベトナムは、一九四五年の独立宣言の後、事実上、南北分断が進行し、北ベトナム（ホー・チ・ミン政権）は、一九四六年一二月以降、フランスとの全面的な戦争へと突入していきました。

その間、一九四九年には、中華人民共和国が樹立し、新生中国の時代が始まり、中国では旧地主階級を打倒するための「土地革命」が実行されました。

ベトナムとフランスとの戦争は、一九五四年のジュネーブ協定によって終結しますが、それまでの時期に、ベトナムは、中国の社会主義路線から大きな影響を受け、ベトナムでも「土地革命」が実施され、旧地主階級への迫害がおこなわれました。

その後も、ホー・チ・ミンらの指導部は、中国のやり方をコピーしたとも言える動きを示し、とくに、一九五七年の中国の「百花斉放、百家争鳴」を模倣した文芸紙誌「ニャンヴァン（人文）・ザイファム（佳品）」事件を同様に画策し、ベトナムの知識人らに打撃を与えました。

そして、中国では、毛沢東の「大躍進」政策の失敗などが起こりますが、その時期、ベトナムは、中国的な社会主義路線から離反し、ソ連陣営の一員として国家運営をすることとなりました。

すなわち、およそ、ベトナム一九五九年憲法から一九八九年の東欧社会主義諸国の崩壊の時期まで、ベトナムは、ソ連・東欧型の社会主義体制と社会主義法の形成をおこなってきた、といえるでしょう。

ベトナムの南北分断が固定化した段階で制定された一九五九年憲法は、すでに「科学・技術」の重視という文言に示されるように、ソ連への親近感を示していましたが、その後の一九七五年の南ベトナム政権の崩壊と一九七六年のベトナム南北統一と全土にわたる社会主義体制の拡大など、一九八〇年憲法へと至る過程では、当時のソ連の政治全般にわたる顧問団による直接の指導がおこなわれていました。

したがって、一九八〇年憲法は、一九七七年に制定されたソ連憲法の基本構造を模倣したものであり、当時のベトナム共産党書記長レ・ズアンの社会主義路線——すなわち、全人民所有（国家所有）と集団所有（合作社所有）を中心とする所有形態——に立脚したものでした。

このレ・ズアンが作りだした用語に、「勤労人民の集団主人権」というものがあります。この聞き慣れない用語の意味するところは、勤労人民こそが国家と社会の「主人」（これは「奴隷」

という用語との対比におけるそれ）となりますが、しかし「個人」が主人となるのではなく、「集団」が主人となる、というものです。

そして、一九八〇年憲法の中に、この用語が規定され、一九八〇年憲法は「勤労人民の集団主人権」を体制化した憲法とも性格づけられました。この用語の奇妙さは別として、この独特な権利概念から出てくる帰結としてはっきりしていることは、「個人の権利」というものは容認されないということであり、「集団的な権利」というものが強調され、「個人」には「義務」が強いられるということとなりました。

一九八六年にレ・ズアンが死亡し、その後、新しい指導部のもとで、ドイモイ（刷新）政策が開始されましたが、その後の一九九二年憲法において、この条文は改められ、「人民の主人権」となりました。すなわち「勤労人民」ではなく、たんに「人民」となり、「集団主人」ではなく「主人」となったのです。

この意味するところは、前者についていえば、ドイモイの進展の中で、所有形態として「私的所有」も容認されることとなり、実際の社会では「社長」という「勤労人民ではない人々」が出現することになりました。これらの人々が権利の主体となることを可能とするために、たんに「人民」としたのです。後者については、「社長」は「集団ではなく個人」であるので、「集団」という言葉を削除しました。

とはいえ、そのような改変をあえておこなってまでも、「人民の主人権」という用語を残した理由は、権利の行使においては、あくまでも「人民全体が主人である」というプロパガンダを強調することにより、人民全体の利益を考慮して個人は権利を主張しなければならない、という考え方を浸透させるためであった、と言えるでしょう。

したがって、一九九二年憲法もその後に制定された二〇一三年現行憲法も、憲法上に「人権」という用語（一九八〇年憲法までは存在しなかった）を規定したものの、この「人民の主人権」の規定により、「前国家的な権利としての人権」（人権は生得的なものである）という考え方は、可能なかぎり排除するという志向が働いています。それと同時に、「権利」と「義務」を一体的なものとしてとらえ、義務を果たさなければ権利は保障されない、という考え方を強調しています。

ちなみに言えば、昨今の日本国憲法をめぐる改憲動向の中で、改憲論におけるきわめて強い主張として「権利と義務の一体性」が提出されていますが、これらの主張と、ベトナムの権利論の動向は、きわめて近いところにあります。

ところで、ベトナムにおける社会主義法がもっとも典型的に形成されたのは、一九八〇年憲法でした。ベトナム共産党書記長であるレ・ズアン体制の集大成である一九八〇年憲法は、ソ連の法律顧問団の「法整備支援」のもとに制定されました。

ベトナム一九八〇年憲法は、一九七六年に南北ベトナムの統一を果たし、ベトナム全土を社会主義化するという、ベトナム共産党の強い決意のもとに制定されたのです。

また、この憲法が制定されるに至るベトナムを取り巻く状況は、きわめて複雑でした。すでに、隣国カンボジアでは、一九七五年四月一七日事件と呼ばれていますが、親中国・親毛沢東のポル・ポトが権力を掌握し、プノンペンなど都市の住民を地方に強制移住させ、多くのカンボジア国民を殺りくするという異常な事態が進行していました。

そして、一九七八年一二月には、ベトナムはポル・ポト派との戦争をおこない、また、それを理由に、中国の鄧小平が一九七九年二月に、「ベトナムに懲罰を与える」と述べて、中国人民解放軍をハノイ近くにまで進軍させるなど、ベトナムにとっては、きわめて多難な時代を迎えていました。

レ・ズアン時代のベトナムは、日本とベトナムが協力して二〇一六年に設立した日越大学学長として活躍している東京大学名誉教授の古田元夫さんが的確に要約したように、「貧しさを分かち合う社会主義」でした。

一九八一年に初めてハノイを訪れましたが、大人も子どももサンダル履きで、政府関係者も開襟シャツで、ネクタイなどしている人は、ほとんどいませんでした。

人々の生活も配給制度にもとづく暮らしであり、自動車も政府関係者か国営企業、あとは各国大使館関係者だけが、所有を認められていただけでした。

私たちは、ベトナム法律家協会の招へい状をもって訪越したので、移動にはラーダ（ＬＡＤＡ）というソ連製の車が提供されました。ラーダという車は、なかなかにデザイン的にも秀逸で、ソ連製でしたが、元々はイタリアのフィアット社の車をライセンス生産したものでした。数年前に、中央アジアの旧ソ連の一員であったウズベキスタンに行ったとき、今もなお、このラーダが路上を走っているのを見て、懐かしい思いにとらわれました。

ところで、ハノイで乗せてもらったラーダは、ヘッドライトは一つしか電球が付けられていませんでした。運転手さんに理由を聞くと、「物資がないから、ヘッドライトは、一つにしている」とのことでした。

夜間も乗せてもらったのですが、心配になって、「ちょっと暗くないですか、運転しづらくないですか」と尋ねたところ、「心配御無用。アメリカとの戦争中は、アメリカの飛行機の爆撃を避けるため、昼間は隠れていて、深夜だけ月明りで山の中の道路を無灯火で走っていたから大丈夫です」と言われてしまいました。

この運転手さんをめぐっては、もう一つ、話があります。

数日間、この運転手さんにお世話になるうちに、何と彼が突然に片言の日本語を話し出したのです。彼は子どもの頃にハノイ近郊の村の酒場で働いていたが、その頃、ベトナムを占領した日本の兵隊が夕方になると、店によく来てくれた、といいます。「日本の兵隊は、酒が好きで、多い人は一人で一ダースもビールを飲んでくれた。兵隊は、酒を飲みながら、おい小僧、日本語を教えてやるから、こっちに来い、と言って、日本語を教えてくれた。その後、日本語を使う機会はなく、大方忘れてしまったけれど、今回、こうして日本人をお世話するうちに、徐々に思い出しました」と言っていました。

このように、ベトナムは、歴史的には、フランスの植民地支配を受け、第二次世界大戦前および戦中は日本の支配を受け、その後、独立を宣言するものの、フランスとアメリカ合衆国との戦争を経て、そのような時代状況の中で、社会主義路線を進んできたのです。

一九八〇年憲法は、南北統一後、初の憲法ですが、その第二条には、「ベトナム社会主義共和国は、プロレタリアート独裁国家である」と明記し、また「国家の歴史的使命は勤労人民の集団主人権を実現することである」と述べています。

また、第四条では、「ベトナム労働者階級の前衛であり、マルクス・レーニン学説で武装したベトナム共産党は、国家を指導し、社会を指導する唯一の勢力である」と規定し、「党の指導性」を明記しています。

さらに、第六条では、「国会、各級人民評議会、ならびに国家のその他の機関は、民主集中原則に従い、組織され活動する」と定めており、要するに、国会や各級人民評議会は、「民主集中原則」(少数は多数に従い、下級は上級に従う、という原則)にもとづき運営され、特別の位置づけを付与された共産党の路線を国家機関と社会に貫徹する体制が作り上げられたのです。

このような政治体制のもとで、社会主義路線の推進がおこなわれてきたのですが、法の分野でとくに注意しておくべきは、第一二条の「社会主義的適法性」という用語です。第一二条は、「国家は法にもとづいて社会を管理し、社会主義的適法性(phap che xa hoi chu nghia)を不断に強化する」と規定しています。

「社会主義的適法性」とは、一九五〇年代中頃より当時のソ連において登場した概念です。とりわけ一九三〇年代以降、一九五三年のスターリンの死に至る時期、ソ連ではスターリンによる粛清の嵐が吹き荒れ、法によらない統治がおこなわれました。そのことへの反省として、新しく作られた用語なのです。その意味するところは、法に対する積極的な役割を認め、第一に、法を制定すること、第二に、制定された法を遵守すること、を内容としました。

ところで、このような意味内容をもつ用語としては、一般には、独自の歴史的背景と意味内容をおのおの有しているものの、「法の支配」であるとか「法治」あるいは「法治国家」、「法治主義」という用語を日本などの法律学では採用しています。ではなぜ、それとは異なる用語を社会主義国では採用したかが問題となります。

「社会主義的適法性」概念は、その後、中国では「社会主義法制」という用語として採用されるなど、社会主義諸国の憲法においては、広く採用されてきました。

社会主義国において、なぜ、「法の支配」とか「法治」などの用語ではなく「社会主義的適法性」という用語が用いられたかと言えば、社会主義法理論においては「法の支配」や「法治」などは元来、ブルジョア的な法概念として拒否されてきたためです。

それに加え、「適法性」という用語の前に「社会主義的」という形容詞を加えることにより、「法の遵守」とは言っても、「社会主義」の大義の前には、法を制約することもありうるという立場を表明し、共産党の支配と、法治とを、主観的には両立させようとする意図が隠された法概念でした。

さらに言えば、一九一七年のロシア革命の後に、ロシアでは、「革命的適法性」という用語が登場し、「革命」の大義の前には法を制約することもありうる、との理解がおこなわれましたが、このような系譜の中で生み出されてきた法概念の特殊な意味を、学問的に知っておくことが、必要です。

したがって、法整備支援をおこなう際には、このような旧来からの社会主義法理論や社会主義法の基本概念の理解が、必要不可欠となります。

●市場経済化・対外開放政策と法

ベトナムにおける改革の方向は、一九八六年の共産党大会において「ドイモイ」(刷新)として提起されました。もちろん、それ以前の時期に、農業の分野で新しい政策が採用され、「請負制」と呼ばれるように、各農家に農地を分配し、おのおのの土地に対して各農家に責任を負わせることとなりました。「貧しさを分かち合う社会主義」からの離脱でした。

ドイモイは、市場経済化の採用と、対外開放政策という、従来にはなかった方向性を採ることとなりました。

法の分野では、それまで存在しなかった民法を新たに制定することへと向かいました。それまでのベトナムでは、国営企業だけが存在したため、国家と国営企業間などを規律する法律は、経済法でした。

しかし、市場経済化を導入することによって私的所有が承認されることとなり、「民法」制定が急いで求められることとなったのです。そして、一九九五年に、ベトナムで最初の民法が制定されました。

ところで、新たに制定された一九九二年憲法は、「ドイモイ憲法」とも呼ばれましたが、「ドイモイ」を実現するための最初の法的文書となりました。たとえば、第一五条では、「全人民所有、集団所有、私的所有」を承認することとなりました。

今日から見ると、一九九二年憲法、二〇〇一年改正憲法、二〇一三年新憲法の三つの憲法は、ベトナムにおける「ドイモイ」時代の憲法ですが、三つの憲法相互間にそれほど大きな変化はないものの、いくつかの点で、重要な変更がおこなわれているのを見てとることができます。

大枠的には、これら三つの憲法は、一方でベトナム共産党による国家と社会に対する指導性を堅持する部分と、他方では改革に向かって手直しをした部分とから成っています。

前者については、共産党の指導性、民主集中原則などの堅持、権力分立の不採用など、党の政策を国の運営に直接反映させるシステムを完備させています。

後者について言うと、一九九二年憲法制定以前の一九八九年以来、それまでは「ブルジョア的な考え方」として否定されてきた「法治国家」という用語が宣伝されるようになりました。

そして、一九九二年憲法では、一九八〇年憲法にあった「プロレタリアート独裁国家」という規定が削除され、それに代わって、「人民の人民による人民のための国家」という規定となりました。しかし、一九九二年憲法のこの規定は、座りが悪いと思われたのか、二〇〇一年改正憲法では、「人民の人民による人民のための社会主義的法治国家」という規定に変更しました。「法治国家」と「社会主義的法治国家」との関係は、どのように理解したらよいのかきわめて不分明ですが、他方、一九九二年憲法も二〇〇一年改正憲法も、ともに「社会主義的適法性」の強化を規定していました。

ところが、二〇一三年新憲法は、第八条で「国家は、憲法と法律に従って組織され、活動し、憲法と法律に従って社会を管理する」と述べ、従来までは存在した「社会主義的適法性」の文言を削除するに至りました。同様に、かつての憲法では、裁判所および検察院の重要な任務の一つとして「社会主義的適法性を守ること」が規定されていましたが、それも削除されました。

この点について、現行中国憲法（一九八二年憲法、二〇〇四年改正）との比較でいえば、中国で「人権」が憲法上に文言として採用されるのは、二〇〇四年の改正憲法であり、ベトナムの場合には、一九九二年憲法という早い時期であり、また、二〇〇四年中国改正憲法（現行憲法）は、第五条で、「社会主義法治国家の建設」とともに、「社会主義法制」（＝社会主義的適法性）の「統一及び尊厳」を同時に規定しています。また、ベトナムでは「プロレタリアート独裁国家」という規定はすでに存在しませんが、中国憲法第一条は「労農同盟を基礎とする人民民主独裁の社会主義国家」と規定しています。

一般に、同じ社会主義国を標榜する中国とベトナムですが、これらに見られるように、社会主義国家および法の基本原理に対する「こだわり」という点に関して、両国には相当の隔たりがあるように思われます。

法整備支援とは、まさにこのような歴史と時代状況の中で開始されました。日本をはじめ、アメリカ、カナダ、フランス、スウェーデン、ドイツなどの各政府援助機関、また、世界銀行、国連開発計画（UNDP）をはじめとする国際機関が、こぞって途上国、体制移行国への法整備支援を遂行するのは、この時代でした。

被支援国側は、それぞれ事情は異なりますが、①社会主義体制から市場経済化への移行にともない、旧来の体制を維持しながらも、新しい法制度を模索していること（ベトナム、ラオス）、②社会主義体制から離脱したものの、旧来の体制が依然として根深く存在していること（カンボジアなど）、③軍事政権から民政への移管を成し遂げながらも、政治的な安定が不十分であること（ミャンマー）、などの特徴をもっています。

したがって、法整備支援というプロジェクトの「現場」では、日本の法律家が、これまで経験したことのない局面に出会うこととなり、難事業ではありますが、それだけに、やりがいのある仕事でもあるのです。

第二章 「社会主義法」という法制度をどのように学ぶか

これまでの考察から、体制移行国や途上国の法整備支援に従事する場合には、法学についての可能なかぎり深い知識とともに、別途、それらの被支援国が置かれてきた歴史的背景との関連から、とくに「社会主義法」に関する知識が不可欠となることがわかっていただけたと思います。

法律学の重要な分野の一つは、国において裁判がどのようにおこなわれているか、また、裁判にかかわる裁判官や検察官や弁護士の養成方法はいかなるものか、など広く司法のあり方に関するものです。日本では、裁判官、検察官、弁護士は、通常は、法科大学院で学び、司法試験に合格した人たちが、司法研修所で学び、最終試験に合格して、法曹資格を得ます。したがって、法曹の能力も司法試験という一つの試験でおこなわれるため、同等です。そして、日本では、裁判において、検察官と弁護人は対等平等であり、客観的な第三者としての裁判官が判断を下す、という考え方にもとづき、裁判がおこなわれます。また、被告人は確定判決が出ていない以上、推定無罪の原則にもとづき、当然のことながら人権についても保護されることとなっています。

しかし、このような裁判のあり方を念頭においてベトナムなどの裁判を傍聴すると、驚くことが多いでしょう。神奈川大学教授で東京大学名誉教授の小森田秋夫さんは、二〇一五年三月にベトナムのハノイ市の地区裁判所で傍聴した裁判について、大変に興味深い報告をおこなっています（http://ruseel.world.coocan.jp/Vietnam%20Trial.htm）。

「ベトナム裁判傍聴記」と題する、この報告は、ベトナムでの実際の刑事裁判の様子が、たいへん詳細に記録されています。たとえば、裁判は公開でおこなわれるものの、法廷の扉が開けっ放しになっているので、一般の市民が外からも気軽に覗くことができること、裁判官と検察官が審理のまえに自由に会ったりしていること、さらに、審理においては裁判官が被告人を叱りつけるという糾問的な訴訟指揮がおこなわれていること、何よりも、法廷では、検察官が一番偉い印象で、弁護人とは対等の位置にではなく裁判官を睨むように座っていること、弁護人は被告人と同じ平土間に位置していること、などが報告されています。ソ連・ロシア、そし

ベトナムの刑事裁判（ハノイ市ロンビエン地区裁判所にて）【2017年2月】

てポーランドの司法制度を専門とする小森田さんは、「ベトナムの司法制度には旧ソ連の影響があちこちに残っていると考えられるが……旧ソ連の法廷の構造は、日本と同様、検察官と弁護人が同じ平面で向かい合う、というものだった。とすると、検察官が法壇に並ぶ構造はフランスの影響と考えることができそうである」と指摘しています。

実は、三〇年ほど前に稲子先生とともにハノイ市裁判所で累犯（何回も繰り返し犯罪をおこなうこと）の窃盗事件の裁判を傍聴したことがあります。ベトナムの裁判の様子は、今日でも当時とほとんど寸分の違いもないほど同じだということが確認されて、興味深いものでした（稲子・鮎京『ベトナム法の研究』〈日本評論社、一九八九年〉に一九八七年当時の裁判傍聴記録を載せています）。さらに言えば、別の機会にベトナム南部の高原の町であるダラットに行き、現地の裁判官に世話になったことがありますが、裁判官と検察官が、たんに懇談という域をこえて、一緒に酒を飲んでいる姿を見て、大いに驚かされました。

ベトナムの二〇一三年の現行憲法では、かつての人民検察院の一般監督権限（あらゆる機関に対する監督権）が法文上は限定されましたが、依然として「司法活動への監督権限」（第一〇七条）は、認められています。また、ベトナムでは、法曹三者の養成方法は、別々で、簡略化して言えば、検察官の地位が一番高く、これは検察学校という独自の機関で養成されます。次の地位は裁判官で、法科大学などを卒業し、裁判所での実務経験者などから任用されます。弁護士は、法科大学などを卒業した法学士が、一定の期間、弁護士研修を受け試験に合格すれば資格を得ることができます。検察官は、全員が共産党員であり、裁判官は必ずしも共産党員であるわけではありません。このような法曹三者のあり方は、社会主義体制のもとで体制を維持するためのある意味では究極の司法のあり方ともいえますが、このような司法の現状は、日本などで採用されている「当事者対等主義」ではなく「糾問主義」であり、その結果、被告人の人権が侵害されやすく、冤罪を生み出す要因となるものです。

1 憲法学とベトナム法研究――主権と人権をめぐって

ところで、ベトナム法やラオス法やカンボジア法を理解する場合の一つの困難は、日本の法学部の授業では馴染みのない法概念に取り組まなければならないことです。

先に取り上げた「勤労人民の集団主人権」もその代表的なものですが、一九四五年の「ベトナム民主共和国独立宣言」の中にある「民族の権利」、あるいは、一九六〇年代の中頃、抗米救国戦争のさ中、当時の北ベトナム政府が提唱した「基本的な民族権」など、従来の日本の法律学には登場しない法概念が存在します。

もちろん、これらの法概念は、ベトナムという国が直面した歴史的背景のもとで用語化されたものですが、これらの独特の法概念が、この国の基本的な法体制のあり方と深く連動しているので、その理解を無視して、やりすごすことはできません。

実は、このようなベトナム独特の法概念と並んで、ベトナム法の中には、ソ連、東欧、中国などの社会主義法に由来する多くの用語があり、社会主義法という分野の研究成果をふまえることなしに、正確なベトナム法理解を獲得することはできない、という困難があります。

あえて、「困難」という言葉を使ったのには、理由があります。第一には、かつてのソビエト法、中国社会主義法、東欧社会主義法など、広く「社会主義法」を研究する日本の専門家の数は、それほど多くはなく、社会主義法に関する大学法学部の授業自体も、多くありませんでした。私が大学院生だった頃、東京大学、早稲田大学、名古屋大学、神戸大学、立命館大学などいくつかの大学には、社会主義法の専門家がおり、それらの法制度にかんする講義も開講されていました。しかし、その他の多くの大学法学部では、社会主義法などの講義にふれる機会はまったくといってよいほどありませんでした。

第二には、一九八九年の東欧社会主義体制の崩壊と、一九九一年のソ連邦の解体の結果、現在でも、中国、ベトナム、ラオスなど若干の国々が社会主義体制を維持しているとはいえ、社会主義国という研究対象がほとんど消滅したことにともない、「社会主義法」という開講科目自体が今やなくなってしまったからです。

しかし、いま、アジア諸国の法整備支援に若い世代の人々が取り組む場合には、ベトナム、ラオスなど「現役」の社会主義国、ウズベキスタン、モンゴル、カンボジアなど、かつて社会主義国であった国々の法を対象とするため、社会主義法の研究と理解を欠かすことはできません。また、私が慶応義塾大学に入学した当時、「アジア法」なり「アジア諸国の法制度」を学ぶ科目はまったくありませんでした。

私は、学部の時には、日本近代法制史のゼミナールに入れていただきました。担当の向井健先生は、主として明治期日本の裁判例を中心にゼミ運営され、総じて、日本近代法形成史を教えてくださいました。日本近代法の父とも言われるボワソナードという名前を知ったのも、この頃です。

私が、途上国への法整備支援プロジェクトにかかわるようになったのも、もしかすると、学部時代に向井先生のゼミで教えていただいたことが、機縁になっているのかもしれません。

とはいえ、私の学部、大学院を通じての最大の関心事は、植民地から独立し、新しい国づくりをめざしているアジア、アフリカ、ラテン・アメリカなどの国々が、法の分野で、どのような歩みをしているのか、そして、それらの国々では、法の問題は、いかなる状況であるのか、ということでした。

早稲田大学大学院では、「憲法」を専門としましたが、やりたい研究テーマは、それらの国々の法をめぐる諸問題でありつづけました。同時に、憲法学の研究テーマとしては、当時の憲法学界で話題となっていた、「主権と人権」というテーマに関心がありました。いわゆる「主権」論をめぐっては、一九六〇年代から七〇年代にかけて、「樋口＝杉原論争」というものがあり、「国民主権」や「人民主権」という概念をめぐり、主としてフランス憲法学研究から論じるという手法で問われていました。

「主権」をめぐっては、独立を果たした新興国にとって、国家の独立性という意味での主権概念とともに、新しい国家形成後の対内的な意味での主権のありようについて大きな関心をもちました。また、「人権」に関しては、独立した新興国が、えてして「独裁」的な政権運営をめざすことが多く、結果として「人権」への配慮が乏しいことを目のあたりにして、これらの国々で、「人権」がどのような扱いをうけるのかに、関心をもっていました。

したがって、「主権と人権」をめぐる上記の問題に焦点を当てて、その後の私の研究者人生は始まり、しかも、それらの問題を、ベトナムという国を実証的に考察しながら、考える、という方向性をとることとなったのです。

具体的には、ベトナム憲法史に関する研究をおこなうこととなりましたが、その根底には、ベトナム憲法史の中で登場してくる「民族の権利」や「基本的な民族権」という特異な概念が、

「主権と人権」という問題にどのようにかかわっているかを問いつづけることとなりました。

その頃に書いた論文の一つが、「主権概念の検討――国家主権と国民主権の統一的把握について」（名大法政論集九〇号、一九八二年）でした。この論文は、ベトナムにおける「基本的な民族権」概念を念頭に置きながら、当時の日本における主権論のあり様を批判的に論じたものでしたが、学界からの反響はあまりありませんでした。

しかし、それから一〇年後に、小林直樹先生の「戦後日本の主権論――一つの総合的検討の試み（上）、（下）」（国家学会雑誌一〇四巻九・一〇号、一〇四巻一一・一二号、一九九一年）が発表されました。そのとくに（下）で、私の論文が全面的に取り上げられ、「『世界問題』への関心が欠けていることが惜しまれるが、七〇年論争を整理したうえでの課題設定として、いかにも少壮学徒らしい問題意識にあふれている。しかしまた、それだけにきわめて困難な問題を、恐れ気もなく出しているという感がある」と指摘され、ある意味「逐条的」な批判をいただきました。

小林先生の指摘は、すべて私自身納得できましたし、他の論者（私）の主張をきわめて正確に読みとっていく能力を目のあたりにし、「本物の学者ってすごいなあ」とあらためて思ったしだいです。

一九八七年に、フランスのエクス・アン・プロヴァンスで開催された国際憲法学会では、小林先生、奥平康弘先生、樋口陽一先生ら、そうそうたる日本の憲法学者とともに、その末席に加えていただきました。その帰路、ポーランドのワルシャワを訪問した際に、小林先生は、私のことを気遣ってくださり、「いま岡山大学教養部で教師をしているとのことですが、私も東京大学教養学部にいたときがあります。法学部でなくても、自信をもって研究に打ちこんでください」と励ましてくださいました。

小林先生は、ベトナム憲法という研究テーマの重要性を認め、「世界問題」へのアプローチはさまざまにあることを教えてくれたのです。私は小林先生から与えられた「世界問題」という宿題に対して、「法整備支援」という切り口から考察していこうと思っています。さらには、日本の法学者がアジア諸国を研究対象とする場合には、多くのリスク（大学での就職先がない。日本の学界のテーマに絡むことができない、など）をともないますが、私の場合には、いつも、このような偉大な先達が応援してくれました。

2 日本の社会主義法研究者たち――学び方

私は、憲法学を専攻し、研究対象国をベトナムと定めましたが、当然のことながら、ベトナムは社会主義国であったため、早稲田大学の大学院では、憲法学の浦田賢治先生のゼミナールとともに社会主義法のゼミナール、研究会に所属し、当時の日本の社会主義法研究者の薫陶を受けることとなりました。

当時は、社会主義法を専門に研究する学会である「社会主義法研究会」があり、通常数ヶ月に一度、東京大学社会科学研究所で例会がおこなわれていました。教員になっている先生方に加え私のような大学院生も含め、一〇名から二〇名くらいの小さな研究会でした。

研究会では、報告ののち、参加者からのコメント、討論がおこなわれました。ときに議論が沸騰することもありましたが、和気あいあいの雰囲気であり、私はそのような権威主義的な様子がない雰囲気を好んでいました。

参加者の数からもわかるように、日本全体をつうじても、社会主義法はメジャーな学問対象ではなく、とてもマイナーな分野であったのです。

私に社会主義法という学問を体系的に初めて教えてくれたのは、福島正夫先生です。福島先生は、民法を専門とし、日本の近代法史に関心をもつとともに、ソ連、中国など外国法研究にも取り組んだ「巨人」でした。

福島先生のゼミナールでは、当時の社会主義国の法理論家――たとえば、ハンガリーのイムレ・サボーなど――の論文紹介にはじまり、社会主義法の歴史的発展など、きわめて「体系的」な授業がおこなわれました。

また、福島先生は、中国法、ベトナム法、朝鮮（北朝鮮）法にかんする著書、論文もあることに見られるように、「アジア」を法学の研究対象とすることに熱心でした。

その理由は、第一に、「法の進化」という穂積陳重の考えを受け継いだ福島先生にとって、アジア諸国の法のあり方への探求は当然のことでした。

第二の理由は、福島先生は、「中国農村慣行調査」に実際に携わった経験をもち、それ以前の台湾旧慣調査、朝鮮旧慣調査も、深く研究していました。

第三の理由は、福島先生が、中国の文化大革命や朝鮮の主体思想などに、格別の思い入れというか、プラスの評価を与えていたために、アジアの社会主義法に格別の思い入れがあったと受けとめています。そして、福島先生は、中国、朝鮮との類似性という脈絡で、ベトナム法を考えていた、ともいえます。

したがって、福島先生は、社会主義法研究の先達であるとともに、日本におけるアジア諸国法研究の草分け的存在でもありました。

ただし、福島先生のアジア諸国法研究は、その研究対象が中国、朝鮮、ベトナムであり、ここから分かるように、社会主義法の系譜にあるアジア諸国の法の研究でした。

福島先生にとっては、それ以外のたとえばインドネシア、ミャンマーなどＡＳＥＡＮ諸国の法についいては、おそらく関心はありつつも、研究対象とはなっていなかったように思われます。

福島先生のベトナム法の理解は、中国社会主義法との「類似性」からベトナム法を把握するという方法が顕著です。一般に、ベトナム社会主義法は、一九五〇年代末までは、中国社会主義法の多大な影響のもとで発展していきましたが、それ以降は、圧倒的にソ連社会主義法の影響のもとに置かれてきました。それにもかかわらず福島先生が一九六〇年代以降のベトナム法も依然として中国法との類似性からとらえようとしたのは、政治制度のあり方は別として、なによりも両国が圧倒的に農民国家であり、ともに、合作社経済を中心とする社会構造であることに、注目したからだと思います。

「アジア諸国に対する法整備支援」というテーマを勉強しようとする場合には、いまは『福島正夫著作集』全九巻（勁草書房）として刊行されたもののうち、第五巻「社会主義法」（一九九四年）と第六巻「比較法」（一九九五年）を読むことが重要です。福島先生の研究手法は、文献を広く渉猟し、法律の条文に徹底してこだわる、というものです。

福島先生が定年となり、その後に、社会主義法ゼミナールを担当されたのは、藤田勇先生です。福島先生も学者として凄かったが、藤田先生も同様に凄かった。

後に名古屋大学に就職したときに、ソ連の法学者が来日された折に、モスクワへの日本人研究者の中では、「フクシマとフジタが群を抜いて秀才であった」と、ソ連で語り草になっていた、という話を聞き、なるほどと合点しました。

二人とも、ソ連で抑留生活を送っており、このことがその後ソビエト法を研究する決定的な契機となりました。

藤田先生から「満州で、ソ連軍が押しよせてきたとき、もはや逃げる術もなく、腰が抜けるというか、思わず坐りこみ、煙草を喫おうとしたら、つかまった」といったお話をうかがったことがあります。藤田先生は、日本でもっとも代表的なソビエト法学者です。とくに、『ソビエト法理論史研究　一九一七－一九三八　ロシア革命とマルクス主義法学方法論』（岩波書店、一九六八年）は、ロシア革命以降の法理論家の議論を詳細にたどることにより、スターリン体制の確立へと至るマルクス主義法理論の変遷を扱った、圧倒的な書物です。

「モスクワの図書館にこもり、日々、重要なロシア語資料を手書きで転写し、自分でも本当によく勉強した」とおっしゃっておられていました。

ゼミナールでは温厚そのもので、また、学生との付き合いもよく、ソビエト法、社会主義法研究ということになると、藤田先生の多数の著作が思い浮かびます。専門書は枚挙にいとまがありませんが、社会主義法とは何か、ということをコンパクトに初学者が知るためには、藤田＝畑中＝中山＝直川『ソビエト法概論』（有斐閣双書、一九八三年）が、きわめて便利です。憲法、刑法、民法それぞれのソビエト法専門家が各項目を執筆しており、社会主義法とは何かの基本構造がわかる書物です。

とはいえ、藤田先生の学者としての凄さの真髄に迫るためには、先の『ソビエト法理論史研究』とともに、『法と経済の一般理論』（日本評論社、一九七四年）を読むことを薦めます。後者を書く際に、川島武宜『所有権法の理論』（初版、岩波書店、一九四九年。新版一九八七年）の注の文献に至るまで検討し、川島所有権法論を乗りこえるべく書かれた書物です。

福島、藤田両先生によって、その居ずまいから、学問をするとはどういうことか、を教えられました。すなわち、特別な才能があったりなかったり、人はさまざまであるが、そんなことより、知りたい、という気持ちというか志をもって、日々疑問を解明するために努力していくことが、研究するうえではもっとも大事であることを教えられました。

名古屋大学に助手として採用されて以降は、稲子恒夫先生が、社会主義法研究の恩師となりました。

稲子先生は、福島・藤田両先生の重厚というか、孤高な、というか、そのような雰囲気とはまったく異なり、きわめて親しみ易い、庶民的というか、何ごとにつけても相談しやすい先生でした。また、稲子先生は、中国法、朝鮮法、さらにベトナム法について、先述の福島先生とは正反対の理解を示し、中国文化大革命や、朝鮮の主体思想には一片の思い入れなどもなく、ベトナム法もソビエト法との類似性から理解していました。

稲子先生は、東京は日本橋近くに生まれ、幼少の頃は、日本橋や銀座のデパートで遊んでいたといいます。珍しい物、新しい物が好きで、当時の名古屋大学法学部で最も早くワープロを購入され、使われたのも稲子先生でした。

そのワープロを使い、前人未到のロシア法についての辞典を一人で完成されました。「自動車一台分の値段です」と言われたように、販売が始まったばかりのワープロを武器に、『政治法律ロシア語辞典』（ナウカ、一九九二年）をはじめ、編著『ロシアの20世紀』（東洋書房、二〇〇七年）という、ロシア革命以降の政治や法の日々の出来事を、他の研究者の協力も得ながら、ソ連、ロシアの新聞、雑誌などから、まとめあげた本を刊行されました。

稲子先生は、『現代中国の法と政治』（日中出版、一九七五年）や、『日本法入門』（法律文化社、一九八一年）など、ソ連法以外の著書もあり、博覧強記の人でした。天下の大秀才で、ロシア語、中国語などに精通し、語学の天才でもありました。

稲子先生の著書は、つねに平易で分かりやすく、明快でした。そして、口癖は、「知らないことは、知っている人に聞く」というものでした。

稲子先生は、ソ連法、中国法の専門家でしたが、すでに若い頃、一九四五年九月二日のベトナム民主共和国独立宣言をフランス語テキストから翻訳しています（高木＝末延＝宮沢編『人権宣言集』岩波文庫、一九五七年、所収）。同書には、ソ連の諸宣言や、ポーランド、ルーマニア、ユーゴスラヴィアなどの憲法的文書が収録されていますが、稲子先生は、これらも、ロシア語、英語、独語文献を出典として翻訳しています。

さて、稲子先生は、「アジア・アラブの民族解放運動」（前掲『人権宣言集』解説、三四四頁）に深い関心をもち、私が先生の助手となって間もなくして、一九八一年にともに初めてのベトナムへの調査旅行をおこなうこととなりました。

当時まだ新設されたばかりのハノイ法科大学を見学し、バラック建てとも言えるようなほとんど粗末な大学の建物を見て、この国の法学教育は大変だ、という印象をもちました。

あれから三十数年が経ち、ハノイ法科大学（司法省管轄）が、今日では、大きく発展し、きわめて多くの教職員と学生をもち、さらに高層ビルの校舎も新設されましたが、このような状況は、当時はまったく想像することはできませんでした。

さらに言えば、ベトナムに対する法整備支援の一環として、ハノイ法科大学に名古屋大学日本法教育研究センターが設置され、二〇一七年には、センター創立一〇周年を迎えることとなりましたが、まさに隔世の感があります。

一九八一年のハノイは、アメリカをはじめとする西側諸国による経済封鎖を受けていたこともあり、人々の生活はきわめて貧しく、物資も乏しい状況でした。

ハノイからの帰路、ラオスの首都ヴィエンチャンに滞在しましたが、ラオスにはメコン川を越えてタイから豊富な物資が入り、市場には生活用品があふれており、ベトナムとラオスの対照的な生活状況に驚いたものです。

稲子先生とのベトナム調査は、一九八七年にもおこなわれ、そのときは、ハノイとともに初めてホーチミンにも行きました。その二回の調査旅行をまとめた書物が、稲子・鮎京『ベトナム法の研究』(日本評論社、一九八九年)です。

同書は、ベトナム法についての初歩的な研究成果ですが、当時のベトナム法の現状を紹介する、日本で最初の書物でもあります。

私は、ベトナム各地を訪問し、稲子先生から人々や機関へのヒアリングの仕方を教えられました。稲子先生によれば、とくに外国でのヒアリングの場合、単純な事柄を具体的に質問することが大事である、ということです。たとえば、「この地域では、犯罪はどのような種類のものが多いですか」、「犯罪統計は、ありますか」など、簡潔に尋ねることがポイントです。

稲子先生の調査方法、ヒアリングの仕方をその後、大事に守ってきましたが、確かに単純明快で具体的な質問は、相手も答え易く、成果も多かったように思います。

これまで私の恩師である、三人の社会主義法研究者の仕事を紹介してきました。いまや、社会主義体制が崩壊し、したがって、大学法学部においては、「社会主義法」という授業科目は、なくなってしまいました。

若干の大学法学部には、現在、「中国法」、「ロシア法」という科目があり、社会主義法の基本構造を知るうえでは、それらの科目を受講することは、有益です。

しかし、もっと大事なことは、わが師稲子先生が常々言っていたように、「知らないことは、知っている人に聞く」ということです。

社会主義法に詳しい研究者を見つけるか、あるいは、周囲にそういう人がいない場合にも、本章であげた書物を読んで、本気で学ぶことです。これらの書物を読むことによって、通常の法学部の授業とは異なる法理論を知り、見慣れぬ法概念に親しむことは、法の多様性を知り、法の深い考察へと、必ず導いてくれることでしょう。

第四章　法整備支援にかかわるための力をつける

1 勉強の仕方

●その国の言葉を学ぶ

では、法整備支援をしようと志して、まずすべきことは何か、必要なことは何か。たとえば、ラオスの法整備支援を志して、ラオス法を学ぼうと考えたとします。しかし、日本には学問的な蓄積はほとんどありませんし、ほかの国を含めても、旧植民地時代のフランスの業績があるぐらいです。そういう場合に、まず何が大事かと言うと、やはり現地の言葉を勉強することです。ラオスのことやその法制度を知ろうと思ったら、ラオ語という少数言語を勉強するということが必要になるわけです。

●憲法を翻訳してみる

二番目には、ラオ語が完璧にならなければラオス法を勉強しないというのではなかなか進まないので、それと並行しながら、英語やフランス語に翻訳されたラオスの憲法なら憲法の条文を、自分で一通り翻訳をしながら勉強するということが大事です。それをやってみて、日本の法律にはまったく存在しない独特の概念が、さまざまに出てくるということに気付くわけです。

たとえば「民主集中制」であるとか、「党の指導性」とか、「ラオス人民革命党が指導する」とか、およそ西側諸国の憲法には出てこない言葉が出てきます。そういった言葉と格闘をする。日本の大学の授業ではおそらく習わないと思われる言葉がなぜ出てくるのか、ということについてやはり深く研究をしていく。

つまり、憲法の条文を一通り読むと、日本の憲法とはまったく違う姿が浮かび上がってくるので、これが意外と勉強になるわけです。そういう意味では、まずは憲法を翻訳してみる。インド憲法やミャンマー憲法などの例外はありますが、多くの憲法はあまり条文も多くはなく、数十から百数十カ条程度ですので、それを訳すというのは、その国の法律を知るために大変役に立ちます。

●歴史や政治にかんする本を読む

三番目として、法律というのは、広く言えば一つの文化であるし歴史の産物ですので、ラオスの歴史であるとか政治にかんする本を読むことが重要です。

実は東南アジアやアジア研究において、法律以外は、非常に高い水準で多くの業績があるのです。そういう意味では、文化人類学あるいは歴史学の人が書いたものも含めて、その国に関係する情報についてはとりあえず日本語で全部読むということが重要です。

●日本や欧米の法律学の成果を可能な限り詳細に理解する

四番目は、どういったスタンスでアジアの法制度を研究するかです。これが一番難しい課題です。よく陥りがちなのは、言葉ができるようになって現地の事情も分かるようになると、その国の法制度などの紹介は、ある意味では簡単にできるようになります。では、それを紹介することがどういう意味を持つのか、ということを分かっているのかということです。

つまり、現地の法制度なり国家制度について研究する自分自身が、そのような現状を「どのように考えるか」という問題が必ず問われるわけです。その場合に、自分がよって立つ法学の基礎知識なり法の基本原理は何かという軸ができていないと、その国で起こってくる問題について、自分が的確に評価を与えることができないという、非常に難しい問題に遭遇するのです。

その意味では、その国の法律を勉強しているだけではだめであって、やはり日本の法律学、あるいは世界の法律学が形作ってきたそれぞれの実定法、各分野における議論の水準、あるいは理論的成果を、可能な限り詳細に理解をするということがとても大事になってくるのです。

こんな当たり前のことを言うのはどうしてかというと、やはり途上国研究というのは、言葉の習得も含めて非常に時間がかかるのです。情報が少ないから、ヒアリングによって研究を形作ろうとすると、もうそれでいっぱいいっぱいになって、日本の法律学や世界の法律学の水準をあまり参照しないで、その国の法律の紹介に終わるということが多いからです。

一言で言うと、アジア法を志す人は、ちょっと大げさだけれど、ほかの研究者の二倍の勉強をして頑張るんだという決意がないとやっていけない。メジャーではない、しかしながら大事な学問だという信念を持って取り組むことが、非常に重要だと思っています。

2 かかわり方

法整備支援というのは個人のレベルでもできるし、大学がおこなうものも、日本政府がおこなうものもあります。法整備支援の主体はさまざまですが、通常の場合にはチームを組んでおこないます。そういう場合に、私がぜひ若い世代に伝えたいこととして、二つのことを話したいと思います。

●実施する側と受ける側

一つは、法整備支援を実施する側の人々との関係です。主体としては、たとえば法律を勉強した学生、院生、研究者、弁護士、裁判官、援助機関であるＪＩＣＡの人々、また多くの場合、法務省の人たちがかかわります。

二〇〇一年に日本の法務省は、法務総合研究所内に国際協力部（International Cooperation Department、ＩＣＤ）を新設しました。もともと法務総合研究所には、国連アジア極東犯罪防止研修所（ＵＮＡＦＥＩ）がありました。これは一九六〇年代の初めに国連の肝いりでできた機関で、アジア諸国だけではなくアフリカ地域等も含めて、主として刑事法分野での研修を日本でおこなう組織として設立されたもので、五〇年以上にわたる歴史があります。しかし、この組織だけでは足りないということになりました。どういうことかというと、一九九〇年代の中頃から日本がアジア諸国に対して法整備支援をおこなったものですから、それを専門に扱う部署をつくらなければいけないということで、法務省法務総合研究所のなかに国際協力部という新しい部をつくったのです。

現在では、国際協力部のスタッフもある程度充実して、ここが日本の政府レベルでの法整備支援の一番の中心部署になっています。したがって、一般的には法整備支援に携わる場合には、国際協力部の人たちが現地に派遣されて、法律について調査をし、支援をするというやり方になります。

また、従来のＪＩＣＡは、法律の専門家はいませんでした。一〇年ぐらい前に、それでは、国際協力援助専門のＪＩＣＡとしての責任が果たせないということで、現職の弁護士などをＪＩＣＡの専門員として雇い入れて、法整備支援にかかわっています。

それに加えて、法務省、ＪＩＣＡとともに、支援内容に応じて大学の法律専門教員がプロジェクトごとに参加要請をされて、現地に赴くというシステムができあがっています。ベトナムやラオス、カンボジア、ミャンマー、ネパールなど、こういう地域に対する日本の法整備支援はそのような仕組みで進められているのです。

その際、法律研究者と法律実務家との間の関係が、問題関心、問題意識のずれからぎくしゃくすることが往々にしてあります。私自身も、一〇年以上前にそういうことを思ったことがあります。その当時、法務省の特別顧問をやっていた元法務大臣の三ヶ月章先生から次のような話をされて、非常に感銘を受けたことがあります。

「鮎京君、要するに、法律実務家には法律実務家でないと分からないことがある。研究者には研究者じゃないと分からないことがある。大事なのは、それぞれ違うということでいさかいをしていてもしようがないことであって、両方がそれぞれの違いを認めたうえで、お互いに協力するようになると、もっといい仕事ができる」と。

私は確かにそのとおりだと思いました。実務家と研究者の特性を生かして法整備支援に取り組むことが非常に重要だと気付かされました。

とくに若い人の場合には、法整備支援に取り組むといっても、やはり経験も少ないのですから、この点は注意してもらいたいと思います。ただ、私は、若い人は、今までの第一世代、第二世代と言われている人たちが思いもつかなかったアイデアでもって、途上国なりアジアの国々に立ち向かうことが可能だという気がしています。具体的にどういうことかと言われると困るのですが、若い人なりの、これまでの世代とは違ったアジアへのかかわり方があり得るわけであって、そうしたアイデアをやっぱり大事にしてもらいたい。

大事なことは、これまで法整備支援に携わった人たちは、相互に意見の違いはもちろんあったけれども、私の目から見ると、世俗的な欲はなかったということです。法整備支援活動によって名を上げようというよりは、誰もが献身的に取り組んできたのです。途上国とかアジアの国々の役に立ちたいという気持ちがはっきりしているならば、あとは自由にいろいろなことを、その人なりのアイデアに基づいてやればいいという気がしています。

二番目は、相手国との関係です。国際交流というのは、当たり前のことですが、外国人相手です。外国人相手ということは、ベトナムならベトナムの人たち、法律実務家であれ研究者であれ、長く付き合っても、感じ方であるとか、習慣であるとか、気が付かないところでもいろいろな違いがあって、一言で言うと、分かり合えるということはなかなか難しい面があります。

そういうときに私が大事にしてきた価値は何かというと、日本人相手でもそうあらねばならないのですが、やっぱり外国人を相手にしたプロジェクトにおいて一番大事な価値は何かといったら、ウソを言わないことです。

たとえば法整備支援をやっていて、そのときには何か資金があって、「こういうことをやる」と約束をする。ところが、その資金が途中で打ち切られて、できなくなる。そういうときに、人は窮地に追い込まれて、往々にして、取って付けたようなウソをつくことがあります。

それが一番の誤解を招く、信頼されなくなるもとです。事情が変更になったことを、やはり心を込めて相手方に伝える必要がある。「こうこうこういうことで、以前はやると言ったけれども、こうこうこういうことでできなくなった」ということを、相手に正直に説明をする。

多くの場合、相手はすぐさま納得しないわけです。たとえば、「一〇人を日本へ研修生として受け入れる」と約束して期待が膨らんでいるときに、「それはだめになった」と言うのはなかなか勇気の要ることだし、言いにくいことだけれども、それが分かった段階できちっと正直に言うということです。

もう一つ大切なことは、さっき言ったこととちょっと矛盾するように思うかもしれませんが、約束を守ることです。やはり誠実な態度で外国の人たちに接する。つまり、約束を守るやつだ、あるいは具合が悪くなったら本音で正直に語ってくれるやつだ、ということが相手に分かると、非常に大きな人間的な共感・信頼が増してきて、法整備支援についてもスムーズに動くようになります。

法整備支援というのは、外国人という、つまり、ある意味では異文化に住んでいる人たちと交渉をしなければならないのです。その場合、今言った点がとても大事です。そういった二つのことに注意をしながら法整備支援に取り組むことによって、アジアの国々の人たちから信頼を得て、お互いにいい仕事ができるような気がします。

●第三世代の若者たちへ

私は、これまで法整備支援を担ってきた人たちは第一世代および第二世代と位置づけています。第一世代は、一九九六年一二月にベトナムで最初の法整備支援の調印にかかわった世代です。一九九〇年代からベトナムやカンボジアの法整備支援にかかわった、私以上の年齢の人です。つまり、三ヶ月章先生、森嶌昭夫先生、竹下守夫先生、そして私などを含む世代を「第一世代」と呼んでいます。

二〇〇〇年代になってから、もう少し若い世代が法整備支援を始めるようになりました。ウズベキスタン、モンゴル、ラオス、ミャンマーなどの国々に対して支援をおこなってきた世代です。慶応義塾大学の松尾弘さん、弁護士でありＪＩＣＡ国際協力専門員として活躍してきた佐藤直史さんや磯井美葉さんなどは、一・五世代か第二世代に属する人たちです。

分野でいうと、第一世代は民商事法中心の、つまり、市場経済化を推進するための法整備に重点を置いてやってきた人たちです。第二世代は、いろいろな国からのいろいろな要請に応えようとするなかで、民商事法中心から新しい全面的なかたちでの法整備支援に移行した人たちです。第一世代、第二世代というのは便宜的な付け方ですが、感覚的にはそういう感じです。

今日の法整備支援は、第三世代の若い人たちが担わなければなりません。第三世代にとって考えるべきことは二つあります。

一つは、法整備支援がなぜアジアでなければいけないのか、つまり、地域的な面でのこれまでの制約をどのように克服していくのかということです。アジアの国々だけではなく、地球上のいろいろな地域に法律面での整備が遅れて苦しんでいる人たちがいるのです。

そういう人たちに対して、日本の若い法曹なり若い人たちがどのように立ち向かっていくかということに、私自身も非常に関心を持っています。もちろん、「何でアフリカか」と言われることがあるかもしれないし、「何でコーカサスか」という話もあるでしょう。にもかかわらず、法律がなくて、あるいは法律が未整備で困っている人たちに、第三世代はどのように応えていくのかということが問われるようになると思います。

もう一つは、人権という問題にどう取り組んでいくのかということです。人間の社会の価値として重要な「人権」という問題に対して、第一・第二世代は意識しつつも、相手国の事情もあり、十分には取り組んできませんでした。私自身もベトナムの人権問題については関心を持ちながらも、やはり相手国が人権問題に触れることを嫌がるということからためらってきました。しかし、市場経済化が進展して社会が少しずつ安定するにつれて、第一・第二世代の時代とは違う時代背景になっています。いまも世界的に一つの大きな問題としてあり続けている人権問題に対してどのような支援を相手国の信頼を得ながら遂行するのか、新しい時代になってきていると思います。

しかし、これはそんなに簡単なことではありません。実際に法整備支援をやってみると分かるのですが、その国の担当者は嫌がるのです。支援というのは「けんか」をしに行くわけではないのです。嫌がられてけんかをしたら、「もう来てもらわなくていい」という話になって、それで終わってしまう。時間はかかるかもしれないけれども、信頼を得ながら、「こいつが言うことであれば、ちょっと聞く耳を持とうかな」ということで、内部に入っていけるような力を身につける必要があると思います。それが私の見果てぬ夢の一つですけれど、なかなか難しい。

●人権問題の難しさ

人権問題についてもう少し考えてみたいと思います。人権問題がどうして難しいか、たとえば中国を見てみましょう。読者のみなさんも、新聞やテレビで、中国で人権活動家や弁護士が拘束されたという報道にふれたことがあると思います。

中国の憲法に「人権」という用語が出てくるのはいつか知っていますか。それは二〇〇四年に憲法が改正されてからなのです。

一九九一年に、中国国務院が「人権白書」(中国的人権状況)を出しました。一九八九年の天安門事件の後、アメリカをはじめとする西側先進諸国は人権批判を強めました。それに対して、ある種苦し紛れではあるけれども、中国は人権を大事に思っているという大論文を公表したのです。

ところが、中国における人権を尊重するという主張は、根本において人権観念の理解が、私たちとは違ったものだったのです。どういうことかというと、「生存権」という言葉を中核に置きます。しかし、その「生存権」は、日本の憲法二五条に規定されているような生存権概念ではまったくなくて、民族全体、国家全体の生存権を意味するのです。つまり、中国の「人権白書」における生存権概念は、国家の経済的発展の権利のことです。国家の経済的発展がなければ人々の生活は良くならず、したがって政治的自由とか精神的自由は、そういう意味での生存権が保障された暁に徐々に進められるという論理です。「いい悪い」はともかく、ひとつの論理を示してきたわけです。

それは、その後、一九九三年に開かれた人権に関する国際会議である国連のウィーン世界人権会議をめぐる状況にもつながっていったのです。どういうことかというと、その時期、シンガポールのリー・クアンユー首相、あるいはマレーシアのマハティール首相が、尖鋭的な人権論を展開したのです。英語では「Asian style of Human rights」、つまり「人権のアジア的スタイル」、日本では、通常、「アジア的人権」と訳されています。

どういうことか簡単に言うと、「アジアには、アジアの流儀による人権の考え方がある」、「経済的な基盤が整ってこそ、市民的自由もある」、「欧米の民主主義の議論は、手続き論重視だ」、「俺らは、そうじゃなくて、結果重視の民主主義だ」というわけです。

こういった事柄が人権というものを法整備支援の対象とした場合には、必ず問われるのです。他方、日本の人権についての法学者の多くは、欧米中心でずっとやってきているので、そういう人権抑圧状況を見て、アジアを批判するのです。批判はたしかにそのとおりであるし必要なのですが、それだけではだめなのです。本当に志がある人であれば、ベトナムなりミャンマーの人権の侵害について、現地に入って肉薄した情報を得ながら、問題解決のために頭を悩ます人こそが、今、法学者として求められていると、私は思います。

●さまざまな国との連帯

法整備支援は日本だけがやっているわけではなく、欧米も一生懸命やっています。

たとえば、スウェーデンも初めから非常に頑張ってやってきた国です。スウェーデンの法整備支援は、価値基準が非常にはっきりしていて、「立法支援はやらない」と初めから明言しています。「法律はその国が作ればいいことだ」と。自分たちがやるのは、「人権、民主主義、そしてジェンダーだ」と明確に言います。非常にはっきりしている。

具体的に何をやるかというと、ひたすら研修旅行をやる。たとえばベトナムのいろいろな省庁から二〇人なら二〇人をヨーロッパに連れて行くわけです。その二〇人の選び方も徹底しています。たとえば日本のＪＩＣＡだと、二〇人というと一五人ぐらいは男性で、残りが女性といったところですが、スウェーデンは違います。「名簿を出し直せ。半々か、もしくは女性が多くなければ、このプロジェクトはもう終わりだ」と言って脅しをかける。

私のベトナム人の教え子で、司法省の幹部になっている女性がいますが、彼女は何回もスウェーデンに行っています。ジェンダーとは何かというのを、研修団構成のときから身をもって分からせるわけです。なぜ日本はそうできないか？　日本社会の役所がそういうふうになっていないからです。

では、人権についてスウェーデンはどうしているか。私の教え子に聞いたところ、まず、フランスのヨーロッパ人権裁判所やヨーロッパ評議会へ連れて行かれてレクチャーを受ける。また、ヨーロッパ評議会の図書館に行くと、「人権は待ってくれない」っていう標語が掲げられている。「人権っていうのは待ったなしだ。人権保障は経済発展があってからではない」ということですね。

スウェーデンには法整備支援に熱心な大学が二つあります。ルンド大学とウプサラ大学で、法整備支援活動家の教授が何人かいます。そこで人権とか民主主義とかジェンダーの講義を二週間ぐらい受けさせて戻すということをしています。さきほど、私が「第三世代の新しい課題だ」といった人権問題をやっている国があるということです。

スウェーデンをみて言えることとは、被支援国の人権という課題に日本人の法律家が取り組むということは、逆に、日本におけるそういう問題にどう向き合っているかということなのです。法整備支援をしている国々の間の調整・協力ということが、一九九〇年代からずっと言われ続けています。個別の局面においては、もちろん協力関係が生じている事例もあります。たとえば、ウズベキスタンで、行政手続法の改革起草プロジェクトをおこなったときに、アメリカとドイツと日本の専門家が協力して、相手の司法省との間でともに協力しながら協議をしました。

そういう協力をすることによって、アメリカ法とウズベキスタン法、日本法とウズベキスタン法、ドイツ法とウズベキスタン法という違いが見えてきて、今度は、日本とドイツの違い、日本とアメリカの違いが明確になってくるという面があります。これを、名古屋大学の行政法の市橋克哉さんは「複眼型の比較法」と言っています。

おわりに——自分の頭で考えて法整備支援に取り組もう

若い頃にパリに滞在していたとき、サンジェルマンデプレ近くの小さなブティックに入り、ジャケットを買いました。ちょうど六月の安売りセールの時期だったので四割引きと格安でした。そして、調子に乗って、ネクタイも買うことにしました。「どのネクタイがこのジャケットに合うかしらね？」と店員にアドヴァイスを求めたときでした。

若い店員は、「ムッシュー、自分のネクタイは、自分で選ばなければなりませんよ。どんな色の、柄のネクタイを選ぶかは、他人に決めてもらってはいけません」というのです。

店員のこの対応が、客観的にみてよかったか、そうではなかったか、いまだに判断はできないものの、少なくとも、この言葉は、いまでは、私の座右の銘となっています。

「大事なことは、他人に決めてもらうのではなく、自分で決めなければならない」というメッセージは、だれであれ、人が生きていくうえでは、とても大切な格言です。

アジア諸国に対する法整備支援についての講義を担当することがよくあります。質疑応答時間になると、決まって出てくる質問があります

「先生は、アジアの法の研究は大事だと言われましたが、どうしてアジアに関心をもつようになったのですか？」、「法整備支援の意義は何だと思いますか？」というものです。

これらの質問は、ともに真っ当なものなのだけれど、何となく少しイラっとします。前者の質問についていえば、「小さいときから、中国に関心があったし、高校時代の中国文化大革命に驚き、また、ベトナム戦争も激化していたし…」と答えますが、私は、受講生に、アジアにだけ関心を是非もってください、と望んでいるわけではなく、「自分は関心をもったので、もし、そのような関心をもつ人がいたら、勉強のやり方はさまざまにあるから、参考までにアドバイスをしますよ」という程度のスタンスでいます。

後者の質問については、一律に「意義」などを語ることはできないし、自分にとっての意義は、それなりに明確なのだけれど、質問者にとっての意義は、ある意味で、よくわからない、というのが本音です。要は、「そんな大事な問題は、自分の頭で考えてほしい」というのが、偽らざる気持ちです。人は自由に生きてよいし、法律学に限っていえば、何もアジア諸国だけが大事であるわけではなく、中南米も、アフリカも、さらには、伝統的な研究対象である欧米も、重要であり、自分がどこの地域の法を研究するかは、各人の判断によるのです。

最近、スペインのマドリードの大学と学術交流協定締結にかかわる仕事のために出かけ、スペインの法学者と交流したのですが、日本では、スペイン法については、ごく少数の研究者がとりくんでいるだけですが、とても大事な地域であると認識しました。同行し、通訳も担当してくれた川畑博昭君（現愛知県立大学准教授）は、中南米のペルーをはじめとする広くスペイン語・ポルトガル語圏の法の専門家であり、アメリカ合衆国が一九六〇年代、七〇年代に中南米諸国に対しておこなった「法と開発運動」にも詳しい。

また、数年前に、イランのテヘランに行き、テヘラン大学法学部の先生方と交流をしたのですが、一方でのイスラーム法とともに、イギリス、フランスなどの大学で研究した先生方の該博なヨーロッパ法の知識との関係はどうなっているのか、とても興味深かった。人は、生まれた環境により、また、生きてきた歴史や世界情勢の受け止め方により、さらに誰に出会ったか、とくに、大学でいえば、教えを受けた先生などによって、問題関心のあり様や研究方向は、大きな影響を受けることになります。本書で、私は、私の考えにもとづいて、アジアを研究することの意義とおもしろさ、そして、アジアの法律を研究する際の、あれこれのポイントについて語ってきました。若い皆さんが、自分の過ごしてきた環境の中で、アジアや開発援助に対して関心をもち、勉強をすすめてくれるなら、とは言え、やはり、うれしく思います。

ところで、本書の主題である法整備支援ですが、一九九〇年代中頃から今日に至る、およそ二十数年の歴史をもつプロジェクトであり、ODAとしての法整備支援は、対象国、プロジェクトなどさまざまに展開され、それなりに多くの経験と実例を蓄積してきています。そして、それらの実例については、法務省法務総合研究所国際協力部が刊行している「ICD NEWS」やJICAの出版物に多くの情報があり、それを参照してほしいと思います。

しかし、ここで強調したいことは、若い世代の皆さんは、法の分野の国際協力——法整備支援——ということがらに、自由な発想で取りくんでほしい、ということです。

法整備支援にこれまで取り組んだ、私たちの世代は、もちろん前例もなく、しかし、志だけで手さぐりで、この二十数年の間、さまざまなプロジェクトをおこなってきました。

もし、法整備支援の理念が、たんに、途上国に対する立法支援や法学教育支援というだけではなく、法の支配の確立、人権の促進、民主主義の発展、良い統治の確保などの価値を根づかせることであるとすれば、日本の途上国に対する法整備支援は、これからが本番です。もちろん、このような理念にもとづく支援を日本が今後も展開していく場合には、日本自身の、それらの価値に対するスタンスが検証されることとなりますし、日本自身も、それらの価値の実現に向けた改善を求められることとなります。

法整備支援は、一般に実務・研究融合型プロジェクトと言われます。これが意味するのは、実務法曹と法学研究者が手を携えてこそ、はじめて力を発揮できるプロジェクトである、ということです。他国や、他国の人々のあり様に思いを寄せ、支援しようと思う人は、他国のあり方についての深い知識を持たなければなりません。

そのためには、本書でのべたような「勉強」が伴わなければなりません。途上国や他国に対して、深く真摯に研究する人だけが、法整備支援の担い手となることができるのです。

【参考文献】

◇著者のアジア諸国法研究と法整備支援論をさらに詳しく知るために

鮎京正訓『法整備支援とは何か』（名古屋大学出版会、二〇一一年）／編『アジア法ガイドブック』（名古屋大学出版会、二〇〇九年）／『ベトナム憲法史』（日本評論社、一九九三年）

◇法整備支援を知るために

松尾弘『発展するアジアの政治・経済・法――法は政治・経済のために何ができるか』（日本評論社、二〇一六年）／『開発法学の基礎理論――良い統治のための法律学』（勁草書房、二〇一二年）／『良い統治と法の支配――開発法学の挑戦』（日本評論社、二〇〇九年）

日本弁護士連合会『法律家の国際協力――日弁連の国際司法支援活動の実践と展望』（現代人文社、二〇一二年）

金子由芳『アジアの法整備と法発展』（大学教育出版、二〇一〇年）

香川孝三・金子由芳編著『法整備支援論――制度構築の国際協力入門』（ミネルヴァ書房、二〇〇七年）

香川孝三『政尾藤吉伝――法整備支援国際協力の先駆者』（信山社出版、二〇〇二年）

◇法整備支援現地体験記を読む

岡　英男『おまえがガンバれよ――モンゴル最高裁での法整備支援２０４５日』（司法協会、二〇一六年）

榊原信次『ベトナム法整備支援体験記――ハノイで暮らした1年間』（信山社出版、二〇〇六年）
土井香苗『〝ようこそ〟と言える日本へ：弁護士として外国人とともに歩む』（岩波書店、二〇〇五年）
武藤司郎『ベトナム司法省駐在体験記』（信山社出版、二〇〇二年）

◇法整備支援と平和構築の関係を考えるために

篠田英朗『平和構築と法の支配――国際平和活動の理論的・機能的分析』（創文社、二〇〇三年）

◇日本の近代化と近代法形成の歴史を知るために

三谷太一郎『日本の近代とは何であったか――問題史的考察』（岩波新書、二〇一七年）
三ケ月 章『司法評論Ⅲ　法整備協力支援』（有斐閣、二〇〇五年）／『法学入門』（弘文堂、一九八二年）
大久保泰甫『ボワソナアド――日本近代法の父』（岩波新書、一九七七年）

あとがき

アジア法や法整備支援について若い世代に伝える本を出版したいのだけれど、出版社を紹介してもらえませんか、と石田眞さん（早稲田大学名誉教授。労働法）に相談したのは、二年前でした。こんなことを気軽に相談できるのは、石田さんが私の早稲田時代の先輩であり、その後、縁あって名古屋大学法学部でも同僚として過ごした仲だったからです。

業界に顔が広い石田さんは、すぐに二つの出版社を提示してくれました。一つは、法律書を数多く出している大手出版社で、もうひとつが旬報社さんでした。

そこで、どうしようかと迷ったのですが、旬報社さんの出版目録を見ていたら、なんと私の大好きな、指揮者の小林研一郎さんが『小林研一郎とオーケストラへ行こう』（二〇〇六年）を出版されていました。小林さんは、「炎のコバケン」「炎のマエストロ」といわれている人です。

ずっと昔に、テレビで小林さんのインタビュー番組があり、それを見て、小林さんの誠実な、そして志のある生き方に感動したことがあり、すぐにファンになりました。

そして、この本を取り寄せ、読んでみて、あらためてその誠実な人柄と丁寧な本づくりを知ることができました。こんな本を作っている出版社から、ぜひ本を出したいと思ったのです。

その後、石田さんに話を聞き、旬報社社長の木内洋育さんは、石田さんの後輩で、早稲田の大学院で労働法を学んだ人であることも分かりました。

本書は、アジアの法律を勉強したり、法整備支援に取り組みたいと考えている高校生や大学生に語りかけるような内容にするという方向で、企画されました。そこで、木内さんが三回ほど名古屋に来てくれて、インタビューをおこない、それをテープおこしする、ということになりました。そして、木内さんがインタビュー内容をきちんと文章にまとめてくれました。

しかし、それを読んで、なんとなく、やはりインタビューをまとめた文章は、自分が実際に話したこととはいえ、厳密性に欠けるという思いが強くなり、こんどはやはり書き下ろしにしたいというわがままを言い、書き下ろしてみたのです。

そうしたところ、あらためて、インタビューのまとめ原稿を読み返してみたら、そちらのほうが、ずっと生き生きした様子で、書き下ろし原稿のほうは、難渋な箇所が多いような気がしました。

そこで、木内さんと相談して、インタビューをまとめてもらった文章と、新たに書き下ろした文章を、うまくつなぎながら、できるだけ初学者にも分かりやすい内容になるよう努めました。

したがって、本書の読みやすいところは、すべて木内さんのおかげであり、読みにくいところは私の頑固な性格のせいです。

木内さんには、原稿が出来上がるまで、ずいぶん待っていただき、ご迷惑をおかけしましたが、こうして見てみると、本書は木内さんとの合作という気がします。

一冊の本の出版を機縁に、新しい友人ができたことに感謝します。

木内さんとは、本書で取り上げたようなアジアの国々にぜひ一緒に出かけてみたいと思っています。

二〇一七年六月

長久手の愛知県立大学にて

鮎京正訓

●著者紹介

鮎京正訓（あいきょう　まさのり）

愛知県公立大学法人（愛知県立大学、愛知県立芸術大学）理事長、名古屋大学名誉教授。1950年、愛知県生まれ。慶応義塾大学法学部卒業、早稲田大学大学院法学研究科博士課程満期退学、名古屋大学法学部助手、講師、岡山大学教養部助教授、名古屋大学大学院国際開発研究科教授、大学院法学研究科教授、法政国際教育協力研究センター長、大学院法学研究科長・法学部長、理事・副総長を経て、2015年より現職。専門、ベトナム憲法史・アジア法。博士（法学）（名古屋大学）。主な編著書に、『ベトナム憲法史』（日本評論社、1993年）、『法整備支援とは何か』（名古屋大学出版会、2011年）、『アジア法ガイドブック』（編著、名古屋大学出版会、2009年）など。

日本とアジアをつなぐ――法整備支援のすすめ

2017年7月25日　初版第1刷発行

著　　者　鮎京正訓
デザイン　佐藤篤司
発 行 者　木内洋育
発 行 所　株式会社 旬報社
〒162-0041 東京都新宿区早稲田鶴巻町544
Tel. 03-5579-8973　Fax. 03-5579-8975
ホームページ http://www.junposha.com/
印刷製本　中央精版印刷株式会社

　ISBN978-4-8451-1509-9